# 都市は揺れている
# ―五つの対話

吉原直樹 樽沼範久／都市空間研究会編

Courtesy:©ITWST

東信堂

はじめに

# 都市という謎にせまる

吉原直樹

Courtesy:©ITWST

……さまざまな喧騒と熱狂をしるして20世紀が終わろうとしている。ふりかえってみれば、われわれはあてどなく歩いてきたのだ。そしていま、この居場所がよく摑めない。けれど暗闇の中、どうにか登ってきた白々と続く尾根を眺めふけるうちに、われわれの求めるものがくっきりと輪郭を見せはじめた。変化のおりおりに貌をあらわした都市の姿態が、朽ちてゆこうとする時代の航跡をいやにはっきりと澄ましだしている。

20世紀、それは都市の時代だった。

歴史上、ついの栖が点々と散って、世相の躁が満ち上げる都市となるまでに多くのときが必要であった。とはいえ、いったん現れた都市はおびただしい時間と空間をのみ込んで、人びとをゆるやかに自分の方に均していった。爾来、都市は人びとの生活の息吹が伝えられ、ほとばしる場となった。そこを舞台にして人と人が溶け合った。いっとき白く冴えて輝いたかとおもえば、いつのまにか疎ましい存在として人びとを悩ませるようになった。また途方もない期待に染まったかとおもえば、容易に反転して執拗な訝りにさらされたのであった。都市は歴史のきまぐれと人間の恣意のあやうさの間でゆらぐままであった。けれどそれは、いついかなるときも人びとの饒舌のなかにあって、たくましく生きながらえてきたのである……。「都市を考える」とは、都市に向けられ、そこにきざまれた人びとの饒舌のはしゃぎと幽けし思いをすくい出すことである。

この一文は、いまから四半世紀以上も前の、まさにバブル崩壊の直前にしるしたものである。当時、世界都市・東京がポストニューヨークの一番手として取りざたされていた。その後、都市はどうなったのだろう。変わらないとすれば、都市は相変わらず驚きに充ちている、いやそれ以上に、謎だらけであることだ。他方、変わったことといえば、グローバル化とデジタル化が著しくすすみ、ポストヒューマンの世界が都市の前景に立ちあらわれていることである。そうしたなかで、シンギュラリティが取りざたされ、ＡＩ（人工知能）が都市を呑み込むといった言説が幅をきかせている。ともあれ、謎はますます深まるばかりである。しかし謎は考えようによっては、心がときめく源となる。そして人びとを魅惑して止まない磁石のようなものにもなる。

20世紀が都市の時代であったとすれば、いまはまぎれもなくポスト都市の時代である。そこでは、脱成長への舵取りがなされるなかで、都市の遍在と不在との〈あいだ〉が広がり、気がついたら、氾濫のなかでの消失が都市をシニフィエするようになっている。それはすべてを説明しているようにみえて、実は何も解き明かしていないマジック・ワードのようなものとしてある。だから、劈頭でしるした前世紀末の都市の姿態、いってみれば、「途方もない期待と執拗な訝り」と「歴史のきまぐれと人間の恣意のあやうさ」が一見分立しているようにみえながらも、複雑に交差する相（フェーズ）を色鮮やかに示した語りは、かつてほどの輝きをもたないばかりか、まったくリアリティを喪っているという批判にさらされざるを得ない。けれども、その基底に広がっている饒舌は相変わらずかまびすしい。その饒舌には、ときとしてハラハラしながら、毎日をワクワクしながら過ごしている人びとの息吹を伝えている。それは必ずしもキラキラと輝いてみえるものではないが、それでいて重く沈んだものばかりでもない。そうした饒舌が埋め込まれた都市は、まさに両義性の巣窟としてある。ともあれ、ポスト都市の裾野はおそろしく広く、深い。そしてそうであればこそ、都市の時代がそうであったように、ポスト都市の時代においても、「都市に向けられ、そこにきざまれた人びとの饒舌のはしゃぎと幽（かそ）けし思い」をすくいだす必要がある。

以下、ここではそのための補助線を、碩学の語りを援用しながら引いてみよう。

考えてみれば、饒舌はそれがどれほど諧謔的でアイロニカルなものにみえても、その基底には人間が豊かに生き、その可能性をもとめる期待のようなものを秘めている。この可能性を、「都市とは何か」を問い、それを具体的に究明していく権利として考えようとするのが、ルフェーヴルのいう「都市への権利」である。そのことによって人間が豊かに生きる条件としての都市自身の可能性を追求するのであるが、その可能性は未だ現実のものとなっていないというのがルフェーヴルの都市認識の根底にある。だからルフェーヴルは、そうした可能性をたえず追い続けなければならないと主張し、その一環として日常生活次元から立ちあがる「都市革命」の必要性を説くのである。ちなみに、人間が豊かに生きる条件とは人間の「生きられる経験」の基礎条件であり、それはアーレントのいう「人間の条件」のひとつでもある。

こうしてみると、たかが饒舌とはいえ、それが示唆するものは途方もなく遠大で奥が深い。ちなみに、上述の「都市革命」／「生きられる経験」の基底、あるいは向う側に見え隠れしているのが、ほかならぬマンフォードのいう「社会の動的なドラマ」である。マンフォードは『都市の文化』において、そうした「社会の動的なドラマ」を生み、それが変奏する場が都市であると論じているが、そこでの多様な発現形態にただ一つの定義をあてはめることを強く戒めている。この都市の（文化の）多様性への複数的なまなざしこそが、指摘されるような饒舌、そしてその背後にあるものを浮き彫りにする際の重大な要件となるのである。

だがこの要件を、いま一度「都市とは何か」という問いに立ち返って検討すると、ことがらはそう単純でないことがわかる。ここで想起されるのは、ウェーバーとジンメルの都市認識である。ウェーバーの都市認識はきわめて多義的であるが、社会学的にいうと、「都市とは何か」という問い、そして都市という名の下に記述される諸現象にたいして、「人間の社会関係への関心」を媒介にして答え、読み解くところに傑出した特徴がある。つまりウェーバーの都市論の最大の眼目は、都市の都市たるゆえんを関係次元に立ち返って説明し、そこから特定の分析的、実践的な課題意識にもとづいてテーマを設定する点にある。

他方、ジンメルの都市認識は、先に言及した「生きられた経験」、平たくいうと、生のさまざまな交錯から派生する「都市生活の力学」がある種の空間的なかたちをとるとともに、多様な文化的なパターンをもたらすという基本的なアイデアにもとづいている。この場合、注目されるのは、「都市生活の力学」に照準をあてることによって、アーレントのいう「人間の条件」の新たな可能性をさぐる一方で、マンフォードのいう「社会の動的なドラマ」の裡にひそむ両義性、つまり「普遍的人間」としての個人と「唯一無二」の個人の相克／交錯をみようとする理論地平がきり拓かれつつあるようにみえる点である。ここでは、ウェーバーのとらえた「人間の社会関係」が形而上学的な美の形式の背後にある「生の形式」においてとらえ返され、「都市とは何か」という問いへのオルタナティヴが構成されていることがわかる。

ややアクロバティックな展開になってしまったが、要は、「饒舌をすくいだす」という多分に周辺的な問題関心から「都市とは何か」という問いに向き合うときに、ここで断片的にとりあげた都市思想／理論の間でゆるやかな円環が成り立つことが確認されるのである。しかし問題はここからである。まず、モダンの始原に立ち戻って、さらにグローバル化、デジタル化の進展に沿って、上述の都市思想／理論のプレゼンス（現在性）とカバレッジ（適用範囲）を確認することがもとめられよう。そしてその上で、再度「都市とは何か」という問いに立ち返り、それとのかかわりで都市という謎の深因にせまることが要請されよう。具体的には、以下の対談においてさまざまな形で謎への探求がなされることになろう。

都市の時代とポスト都市の時代を通底して指摘できるのは、都市はまさに光と闇、明と暗がセットになって存在するということである。栄光と挫折が人の生涯において、また煌めきと失意が人びとの生活世界においてセットとしてあるように。だから都市はおもしろい、人びとを欲情させてあまりあると言われてきた。そしていまも、そう言われているのである。けれども、こうした両義性を内包する都市の魅力は、さまざまな境界が消失し、あらたな境界が作られ、そのことを通して都市がますます非対称なものに根ざすようになるにつれ、急速に色褪せたものになっているのもたしかだ。いうまでもなく、境界の消失、あらたな境界の再形成、そして非対称性の広がりは、グローバル化の進展にともなうモビリティの拡大とデジタル化の全社会的展開と符節を合わせており、ポスト都市の時代に特有のものとしてある。とりわけＡＩのアルゴリズム（定式化表式）とビッグデータの組み合わせによるターゲティングが進展するにつれ、途方もないデジタル・スケープがポスト都市の空間を席巻するようになる。

もちろんそれとともに、都市の時代ほどに都市の輪郭がくっきりと描けない、あるいは都市に映された時代の航跡をはっきりと示し得ないというのも、ポスト都市に特有のことの特徴であると言える。再び、饒舌に戻ると、「途方もない期待と執拗な訝り」の間をさまよい、空回りし、気がついたら、都市という謎にすっかり取り込まれてしまっている、とでも言えようか。でも、実際のところはどうなのであろうか。本書では、何やかやと思いなやみながら、５つの対談を通して都市という謎に向き合うことをこころみている。その間ずっと、「都市とは何か」という正解のない問いを、まるで修羅のささやきのようにつぶやきながら突き進むしかない、と考えている。

# 目次

## 都市は揺れている

五つの対話

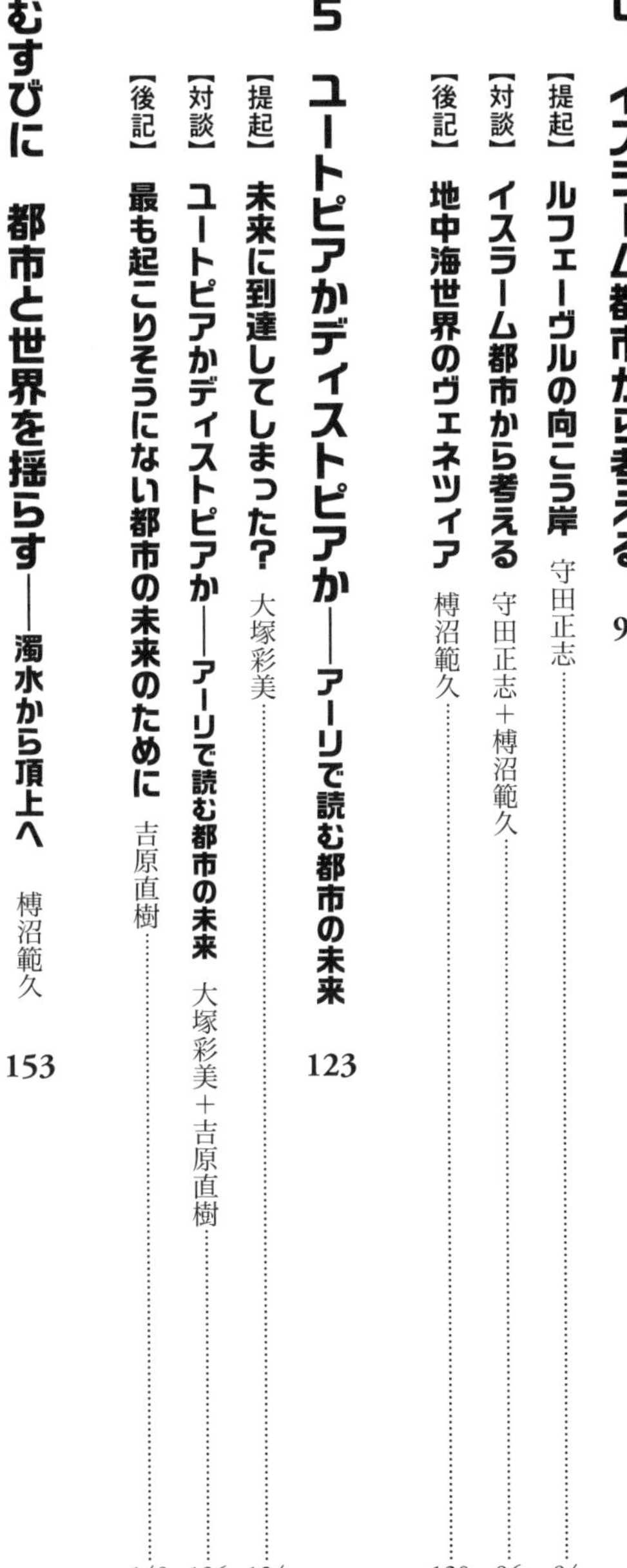

# 都市は揺れている——五つの対話

# 揺らぐ都市へ／から
## ——シティ・オン・ザ・ムーブ

【提起】　三浦倫平「現代都市の何が揺らいでいるのか」

【対談】　三浦倫平 ＋ 吉原直樹

【後記】　吉原直樹「変容する都市の描像」

JR 渋谷駅中央改札口（三浦倫平撮影、2019.12.31）

## 【提起】現代都市の何が揺らいでいるのか……………三浦倫平

都市は社会を映し出す場であると同時に、社会が新たに再編成される場でもある。それ故に、近代から現代にいたるまで、その時代の社会の課題が表面化したり、新たな可能性の息吹が見られたりする場として都市は存立してきた。その意味で、都市は常に様々な方向性で揺らいできたとも言える。

そこで、本対談で検討したい論点の一つは、現代の都市の「揺らぎ」はいかなるものなのか、という点である。21世紀に入り、近代都市が前提としてきた社会構造や産業構造が大きく変化することによって、都市のあり方も大きく変わり始めている。

特にグローバル化が進行することによって、人、モノ、資本の流動性は高まり、都市は地域、国、グローバルといった様々なスケールの力学が作動する場となった。その結果、多くの先進諸国は新自由主義的な政策のもと（「選択と集中」）、大都市や地方中核都市に人、モノ、資本を集積すべく、様々な戦略を展開しており、都市間競争は国内での争いからグローバルな領域での争いへと変わってきている。

さらに、近年は技術革新が目覚ましく、都市のあり方を今後大きく変えていく可能性がある。ＡＩなどの人工知能が人間の知能を超える時点（シンギュラリティ）が到来した時に、人々の都市での仕事、生活、社会関係が今と大きく変わっていくかもしれない。また、デジタルな世界が支配的になり、物理的に移動しなくても様々なことが可能になる中で、人々にとって都市はどのような意味を持つものになっていくのか、今後問われてくることにもなるだろう。

また、現代都市がいかに揺らいでいるのか、という点からさらに議論を進めて、その揺らぎから今、いかなるテーマが浮上しているのかという点についても対談では検討していきたい。

この点について考えていくうえで、有効な補助線となるのが建築家の西沢大良の論考「現代都市のための9か条」（『新建築』２０１１年10月号・２０１２年5月号）である。西沢は90年代後半以降の現代都市の問題を以下の９つの点に鮮やかにまとめている。

①新型スラムの問題　②人口流動性の問題　③ゾーニングの問題　④食料とエネルギーの問題　⑤生態系の問題
⑥近代交通の問題　⑦セキュリティの問題　⑧界隈性の問題　⑨都市寿命の問題

これら全ての論点について対談で触れることはできないが、いくつか重要な論点について議論をしていきたい。

まず、①の貧困の問題は、都市が様々な形で揺らぐなかでも常に潜在化し続ける重要な問題である。西沢はスラムを「低賃金労働者が居留せざるを得ない区域や場所」としてメタ的に定義づけることで、ネットカフェのような一見快適に見える空間も新しいタイプのスラムとして位置づけている。すなわち、都市は常にスラムを内包し、安価な労働力を活用することで存立してきたのだ。彼の議論を敷衍するならば、こうした「新型スラム」は近年、都市の中で不可視化されており、貧困者の存在が十分に見えないまま、都市の分極化が進行している。こうした状況下で、「共生」という課題がより困難な形で現代都市に浮上しているのではないだろうか。

また、近年顕在化し始めた問題として、②人口流動性の問題や⑧界隈性の消失がある。先に述べたように、グローバル化の進展と相まって、人々は都市を容易に移動するようになってきている。国内の移動だけでなく、ライフスタイル移民のように国境を易々と越えていく人も増えてきた。こうして人々の流動性が高まってくることで、「定着性」を前提にしたようなこれまでの都市の作り方は大きく揺らぎ始め、人口量や人口構成の変化に土地利用が対応できないという問題が近年様々な形で起きている（これは定着性を前提にした近代都市計画のゾーニングの問題とも関連してくるだろう）。

また、界隈性を「多種多様な人々が出会い、交流する中で、様々なつながりが生み出されるような賑わい」として考えるならば、現代都市では大規模なショッピングモールなどが乱立する一方で、それまであった界隈性が消失しつつある。消費空間としての都市が前景化する一方で、失われていくものがあるのではないか。上述したように、デジタルな世界の存在感が増していることも鑑みながら、都市は今後人々にとってどのような意味や可能性を持つ空間になっていくのかということについても考えていきたい。

都市の揺らぎと共振するように、都市を捉える視点が揺らぎつつある昨今において、いくつかの「針路」を改めて検討する一契機となればと考えている。

## 【対談】揺らぐ都市へ／から——シティ・オン・ザ・ムーブ……………三浦倫平＋吉原直樹

### ◆都市の揺らぎをどう見るか——モダニティの機制からの捉え直し◆

**吉原**　この対談では、揺らぐ都市というテーマで自由に議論したいと思います。テーマの根底には、こんにち、グローバリゼーションが進み、ボーダーレスなヒト、モノ、カネの移動が見られ、そういう中でいったい都市がどうなっているのかという問題意識があります。いわゆる新自由主義的な政策環境の下で都市が非常に大きく揺らいでいて、そうした状況をこんにち、いろんな角度から考える必要が生じております。

**三浦**　分かりました。よろしくお願いします。

**吉原**　まず、そもそも都市をどう見るのかということですが、都市というのは古今東西、ある意味で社会の望楼、つまりそこから社会を見ていくものとしてあったのではないでしょうか。もちろん、現代もある意味で、そういうものとしてあるといえます。別の言い方をすると、その時々の社会というものを映し出す鏡のようなものとしてあった、そして現にあると。ただし、はっきりとした輪郭を持っていたのかどうかということになると、かなりあやしい。むしろ、こんにちにいたるまで常に揺らいできたのではないでしょう。

ちなみに、近代に限定すると、成長、発展をある意味で都市が表象するようになる。つまり都市が成長、発展の駆動力となり、社会の統合を推し進め、そうしたものに導いていく。だから当然、社会の中心に位置するようになる、同時に社会の矛盾を内包するようにもなる。こうして統合の中心になると同時に、統合がもたらした矛盾を集約的にあらわす場ともなる。

ただ、これは非常に大ざっぱな言い方であり、統合の中心とか矛盾が集積する場などといっても、それは非常に複雑な様相を呈しており、約言して表現してしまうと、実は都市のリアルから乖離してしまう恐れが生じます。

他方で、近代以降の都市に照準を合わせるにしても、当然、近代以前にさかのぼって、ある意味で都市史の文脈でいま言ったようなことを見ていく必要がある。そこであらためて、クーランジュの古代都市から始まって（『古代都市』［1864］、田辺貞之助訳、白水社、1961年）、マックス・ヴェーバーの中世都市（『都市の類型学』［1956］、世良晃志郎訳、創文社、1964年）、そういう中世都市が近代の国民国家の中に没していくとともに立ちあらわれる近代都市、そしてグローバリゼーションの進展とともに登場するグローバルシティ（サスキア・サッセン『グローバル・シティ』［1991］、伊豫谷登士翁・大井由紀・高橋華生子訳、筑摩書房、2008年）およびポスト・グローバルシティという、都市史の大きな流れに沿って、都市が表象してきたものを検討することがもとめられるようになっている。

ともあれ、モダニティの機制とか仕組みなどとかかわらせてみる場合でも、いま一度プレモダン（前近代）にさかのぼって見る必要がでてきています。そのことを通して都市というものをモダニティの機制の中で再度見る。そうしてあらためて都市というのは近代国民国家のかまどとしてあったというふうなことがいえるのではないでしょうか。またそうした点で、近年、都市が統合とか成長などの中心ではなく、むしろ脱成長、脱統合のイコン化を表すものとして語られるようになっているのも、ある種のモダニティの機制の反転を見据えているからといえるかもしれません。

**三浦**　ポストモダン都市が揺らいできて脱成長のイコンになってきたというお話ですけれども、ポストモダン都市をどう見るかということで議論があるのかなと思います。というのも、都市自体も分極化していると思うんです。ポストモダン都市を消費社会の舞台として捉えることもできるでしょうし、脱成長のイコンとして捉えることもできる。二面性があるように思います。

かつての近代都市は、人口も経済もどんどん成長が見えていた時代だから近代国民国家のかまどであったと思うんですが、今はロジスティック曲線のように緩やかに成長が止まってきた中で、今後の都市の在り方がそういう形で少しずつ分かれてきて、まさに揺らいでるんだろうなとお話を伺って思いました。

**吉原**　そうですね。さきほど触れましたが、グローバリゼーションの進展とともにグローバルな移動が生じ、一国社会に深刻な揺らぎや分極化が起きています。そうしたなかで、一つには、脱統合というような言葉をもって都市のありようが語られるようになっていますが、その場合大きな特徴は、従来のように都市を良くも悪くもある種のノーダルポイント、つまり結節点ととらえるのではなく、むしろメディア的な役割を担うものとしてとらえる傾向があることです。換言すると、都市の占める位置、それから場として有する機能に対する見方が変わってきています。だから、従来の視点で言うと、都市がなかなか見えづらくなってきてるといえます。

**三浦**　そうですね、間違いないと思います。

**吉原**　いずれにせよ、いま、都市をどう見ていくのかということが大きな課題となっています。さきほどのグローバルシティということで言いますと、いままさにポスト・グローバルシティの方に向かっているわけですが、それも、ある一つの方向に向かっているのではなくて、いくつにも分岐している。そのことをどうとらえるかが問われています。

ちなみに、グローバルシティは、多国籍企業のヘッドクオーターがどれだけ集積しているかということが依然として重要な目安となっていますが、ポスト・グローバルシティのコンステレーション（布置構成）に目を向けると、小さな世界都市とかいろいろな文化を発信する世界都市、それから何よりもアジアメガシティーの台頭が注目されます。グローバルシティがさまざまな機能をになって複層的に現れてきています。そういうポスト・グローバルシティのコンステレーションをしっかり見据える必要があります。

## ◆デジタル都市の誕生と界隈性の消失◆

**吉原**　それからどうしても、デジタルトランスフォーメーション（デジタル技術による変革）の影響が無視できませんね。デジタルトランスフォーメーションが進む中で、都市のリアルと言われたものが非常に曖昧になってきています。逆にバーチャルなものがリアルなものになっていくという事態が広範囲に立あらわれています。その結果、リアルとバーチャルの境が非常に分かりづらくなっている、あるいは両者の互換性が高まってきています。

それとともに、都市という場の設定それ自体も非常に困難になってきています。再びポスト・グローバルシティに関連して言うと、どんどん分岐していくと同時に、多かれ少なかれデジタル都市としての共通の内実を持つようになっています。

それでは、デジタル都市とは、いったい、どのようなものなのだろうか。一つ確実に言えることは、グローバリゼーションの中でモノとかヒトがボーダーレスに移動するということよりも、むしろデジタルコミュニケーションとそこで培われるような経験的様式がデジタル都市を語る場合により重要になってくるということです。だから当然、ＡＩとその下でのシンギュラリティ、さらにポストヒューマンの世界に思いを巡らせることが避けられなくなりますね。ちなみに、デジタル都市では、ユビキタスコンピューティングとか「センサーの束」とか多重的なビッグデータ、そして何よりも「デジタルなセルフ」（ソーシャルメディア上で個人が発信する情報から浮かび上がる自己像）が注目されるようになりますが、それらは消費社会を引き継ぎながらも、それとは異なる地層の上に立ちあらわれています。

**三浦**　流動性が激しくなってくることによって、これまでの都市の在り方が変わってくると同時に、都市を捉えること、語ることが難しくなってきていると思います。結節点だった時代と、媒介になってる時代だと都市の捉え方が変わってくる。

特にインターネットが出てきたことによって、都市の在り方が変わってきているというのは私も思うところで、例えばこの間、渋谷に行ったんですけれど、渋谷は北田先生がおっしゃっていたように、かつては何らかの「物語」でまとめあげられた舞台としてあったわけですが（北田暁大『広告都市・東京――その誕生と死』［２００２］、ちくま学芸文庫、２０１１年）、もうそういう状況は瓦解してますよね。それは人々のデジタルの経験がすごく影響してて、ある意味でネットを見る感覚で都市を漫然と見ているし、人々がそう見ているから、都市空間それ自体もまとまりがあるわけじゃなくて、ばらばらですよね。人々のデジタルコミュニケーションの経験が都市に表れていると思います。

ちなみに、今、渋谷で開発がどんどん進んでるじゃないですか。この間、渋谷駅に行って、改札前に出た時にびっくりしたのは、昔だったら「センター街、宮下通り、道玄坂はこちら」という形で、通りの名前が表示されていたと思うのですが、今は通りの名前ではなくて、それぞれのビルの名前が表示されています。つまり、街の表示ではなくて、商業施設の表示になっていて、街自体がどんどん消失している。

**吉原**　そうですね。そうしたまち自体が消失しているということをどうとらえるかが非常に重要になっていきます。

**三浦**　各々の商業施設が前面に出てくる一方で、街がどんどんと背景化していっているなと思います。

**吉原**　たとえば、私たちが都市空間という場合、そこに駅があって、そこからストリートが広がっていくというような、五感を通して空間を見るということが根本的に成り立たなくなっていますね。

**三浦**　そうなんですよね。我々世代まではネットがない時代に生きていたこともあるので、そういうものを経験していましたし、だからこそ、そういう経験が消失したという感覚があるんですが、若い人たちはそういう経験がそもそもないから、いまの経験が当たり前なんです。

**吉原**　だからこそ、そうした消失したという感覚をどう練り上げていくかが問われますね。

**三浦**　そうですね。界隈性というのは都市にとって重要なものだと思うのですが、界隈性の喪失自体を消失として見ない世代が出てきた。今でも商品化されたような界隈性はあるとは思いますが、この状況をどう捉えていくかということですね。

**吉原**　ある意味で、商品化が臨界局面を超えてしまって、従来とは全く異なるスケープ（地景）を生み出しているわけですね。そこで世代だけではなく、いままでデバイドになっていたようなジェンダーとか世代とかエスニシティなどの境界があいまいになり、だんだん見えなくなっています。

**三浦**　かつてジェイン・ジェイコブズが近代都市計画の機能的なゾーニングを批判していたと思うんですけれども（『アメリカ大都市の死と生』［１９６１］、山形浩生訳、鹿島出版会、２０１０年）、彼女の問題意識としては界隈性を大事にすべきだということだったと思うんですね。界隈性というのは単なるにぎわいということでなく、自治の場であったり、相互扶助、監視、福祉といった色々な機能が相互に複雑に連結していて、まさに都市のユーザーたちが作り上げた多層的な秩序体として存在していると彼女は位置付けていたと思うんですけれども、それが今本当に消えつつあると思うんです。

そうなってくると、今都市ってどういう意味があるんだろう、という点が私の問題意識としてあります。結局、消費空間としてしか意味をなさなくなってきていて、マクロに見れば先ほどのメガシティーの話のように経済的な機能という部分はもちろんあるんですけれども、人々の生活というミクロな観点で考えた時に大都市においては都市の意味が弱くなってきているのではないかとも思ってしまいます。それこそ若い人は昔に比べればみんな外に出ていかなくなったんじゃないでしょうか。

## ◈現代都市における多様性と共生◈

**吉原**　だからこそ、三浦さんが指摘された都市の意味、都市の妙味がなぜ崩れてしまったのかを考える必要があるわけですね。いま、ジェイコブズの話が出ましたが、彼女が言う多様性、あるいは異質性、そしてフロリダの創造都市に引き継がれて出てきた寛容性、そういったものを起源とするある種の共生のナラティブはどうも崩れていないのではないでしょうか（リチャード・フロリダ『クリエイティブ資本論』［２００２］、井口典夫訳、ダイヤモンド社、２００８年）。もちろん、ジェイコブズやフロリダが議論したのとは異なるコンテクストで議論しないといけないと思いますが。理念的には無になっているわけではありません。ジェイコブズが生きた時代的な制約を解き放して、つまりジェイコブズの時代をくぐり抜けて立ちあらわれる「もうひとつのジェイコブズ」を見る必要があると思います。

こんにち、アメリカやヨーロッパでは排外主義が吹き荒れています。しかも、そういった排外主義はある種の共同体主義と複雑に交錯しながら立ちあらわれています。そういったときに、ジェイコブズやフロリダをただ持ってくるのではなくて、むしろ現時点において有する、彼らの言ったその多様性とか寛容性といったもののプレゼンスを確認する必要がありますね。

**三浦**　そうですね。まずコンテクストの違いとしておさえておかないといけないのは、流動性という部分で60年代と今とでは大きな違いがあるだろうという点です。彼女が言うような多様性は、今ほどの土地や人口の流動性がない状況での概念のような気がします。

また、あの時代はまだ明るい未来が見えていた時代で、今みたいに将来が不安な時代とは大きな違いがあると思います。その意味で現代の方が異質な他者との共生はより大きな課題になっているだろうと思います。

ただ、彼女の「多様性」についての議論は今でも都市における多様性を捉えていく上で重要な議論だったとも思います。『大都市の死と生』の最後の部分で、都市における多様性をどう捉えるべきかという点で、多様性は単にバラバラに多様なものが存在しているのではなく、相互に複雑に関連しており、その連関を捉える必要がある。また、それは必ず変化していくものだから、プロセスとして見なければいけない。そして、その多様性の在り方を、単に1つの個別事例として捉えるのではなくて、普遍的な要素があるものとして分析していくことが大事なんだ、ということを最後書いていたと思います（466〜470頁）。

そういう視点は今でもすごく重要だと思います。近年の議論でも、多様性はあくまでも言説として存在していて、その生成や様態を十分に実証的に捉えられてこなかったのではないかという印象がありますから。

**三浦**　たしかに多様性の一人歩きが目立っています。

**吉原**　現場から観察して、どういうふうな形で多様性や寛容性が生み出されていくのかっていうところを地道に見ていかなきゃいけないのではないかと思います。自分が見れているわけではないので、自戒を含めてこれからの学問的な課題かなと思います。

**吉原**　そうですね。いま三浦さんが言われたことでは、流動性が鍵になりますね。ご存じのように、シャロン・ズーキンが『都市はなぜ魂を失ったか』（［2010］内田奈芳美・真野洋介訳、講談社、2013年）でジェイコブズを批判していますが、まさに流動性へのまなざしの欠如を問題にしています。

それに代わって、ズーキンはオーセンティシティ（正統性）を強調しています。要するに、オーセンティシティを有する都市の多様性（多義性）をジェイコブズは理解していないと批判しています。ジェイコブズは「新しい近隣」における多様性を主張していますが、非常に限定された内容になっているというのです。その後のニューヨークを見ていると、むしろできるだけ多くの人々が多様性を享受することが都市のオーセンティシティになっていると言うのです。そうしたオーセンティシティをもとめて、貧しい住民とか若者たち、さらにアートをやる人などがニューヨークに集まってくる、そしてそれを資本が戦略化し、自治体がそういったものを取り込むようになります。

しかしながら他方で、多くの貧しい住民とか若者たちは外に出て行きます。こうして流動性が非常に高まるわけですね。だからそういった流動性を前提にすると、ジェイコブズが言うような都市の魅力、つまり「小さな近隣」が担保しているような魅力は、ほとんどリアリティーを持たなくなるわけです。

それから話が前後するのですが、ゾーニングの問題についていうと、ジェイコブズは多様性を損なう機能的なゾーニングを問題にしていますが、三浦さんの指摘するオートノミー、つまり自治にかかわらせて議論するという姿勢がやや弱い。ちなみに、オートノミーを考える場合、食糧・エネルギー問題、生態系の問題を当然視野に入れなければなりません。いずれにしても、ジェイコブズの時代とは隔世の感を禁じ得ませんね。

**三浦**　60年代では、今おっしゃられたような課題は、まだ潜在化していたと思うんですね。というのも、まだその頃は都市人口がそこまで多くなかったわけですが、90年代以降はどんどんと増えていって、今は35億とか40億ですよね。G20とかがどんどん遅れながらも近代化、都市化してくることで、都市人口が増えてきているが故に、食料・エネルギー問題、生態系の問題、災害が起きた時の問題は大きなインパクトを持って出てくるだろうなと思います。

**吉原**　さきほど時代制約性と言ったわけですが、ジェイコブズが60年代に見た機能的なゾーニングの裡に、オコンナーという人は郊外が中心都市を搾取するという、ジェイコブズが視野に入れることができなかったジェントリフィケーションの原構造をかなり的確にとらえています（ジェイムズ・オコンナー『現代国家の財政危機』［1973］、池上惇・横尾邦夫訳、御茶の水書房、1981年）。

スラムの問題なんかもジェイコブズの時代にすでに表面化していて、実際、スラムクリアランスも行われています。だけど、排他的ゾーニングのため、結局、スラムクリアランスがスラム・リムーバルになってしまい、多くの住民がスラムクリアランスの隙間に追いやられ、事実上、落層化してしまったわけですね。そういった人々の問題はこんにちで言えば、たとえばジェントリフィケーションの下で輩出されているネットカフェ難民を彷彿させますね。

**三浦**　そうですね。当時、ロバート・モーゼス（ニューヨーク市の公共事業の責任者）がスラムクリアランスをした時には、「スラムは全ての諸悪の根源だから、そこを排除して綺麗にしたい」という思いがあったと思います。それに対してジェイコブズの問題意識としては、「上から鳥の目で見ると汚いスラムのように見えるけれども、虫の目で見れば、監視の機能や、支え合いとか、福祉の機能など、色々な要素がつながっていたのにスラムクリアランスによってそのバランスが壊れてしまい、街全体の秩序が崩れてしまう」というものであったと思います。

そして、スラムクリアランスによって街から追い出された人たちはその後公営団地に行くわけですよね。公営団地に住めばいいじゃないかという形でモーゼスは開発を進めていたわけですけど、結局団地がスラムになってしまう。貧困層がそこに集中するだけだから。近代都市はスラムクリアランスをするけど、結局また別のスラムをつくり出していくだけで、貧困層の人達はどんどん置いていかれてしまったという時代だったと思います。

例えば今の日本では、いわゆるジェイコブズ的な時代のスラムは少ないかもしれないけれども、スラムの定義を西沢先生がおっしゃられていたように、「低賃金労働者が居留せざるを得ない区域」という抽象的な次元で捉えるならば、やはりネットカフェもスラムだろうと思います（西沢大良「現代都市のための9か条」、『新建築』２０１１年10月号、33頁）。そうなると、今の都市におけるスラムの問題はより難しい局面に入ったなとも思います。というのも、それは「スラム」として存在はしているんだけど、見えてこないからです。

なので、支援者側もネットカフェ難民対策に今苦労していると思います。また、先ほど言ったように界隈性や、昔持っていた街におけるつながりが失われてきている現代においては、貧困層の人達は本当に孤立化していると思います。

**吉原**　だから多様性をいう場合でも、そういう界隈性の持っている福祉的な機能とか、もともと都市の魅力といった場合に界隈性が秘めていた雑多なもの、にぎわいを抜きにして語れないわけですよ。しかしそういったにぎわい自体がなくなってしまっている。だからネットカフェなんかも、界隈性から切り離されて、ある意味で整然とした均質的なまちに埋め込まれ、ますます不可視化されています。

いずれにせよ、三浦さんが指摘しているように、界隈性は消失してしまっている。問題は、いまの若い人々、たとえば、非正規でインフォーマルセクター（公式に記録されない経済部門）に就いている人々の間で、そうした界隈性、そしてそこに潜むある種の雑多な魅力がもはや見出し得なくなっていることです。

だから、界隈性を介して他者と出会うということはあり得ないわけですね。

**三浦**　界隈性の消失という現象を別の概念から考えるなら、公共空間がどんどん縮小しているということなのかなと思います。日本でも渋谷の宮下公園が商業施設やホテルを建設することで、ホームレスを追い出すみたいな事態も起きています。また、街の中でショッピングモールのような消費空間がどんどん広がっていく一方で、路地における雑多なにぎわいや異質なものは消費空間を阻害するものとして排除される。それこそホームレスも入れないわけですよね。そうすると貧困層はどんどん公共空間での居場所がなくなっていて、結局ネットカフェという見えないスラムにどんどん追い込まれていく。そうすると、支援もしづらくなってくるし、分極化がどんどん進んでいく。

**吉原**　そうなんですね。だからそういう中で、たとえば、共生というようなことを考えると、ある種のむなしさを感じざるを得ません。実際、共生という言葉そのものが死語に近いものになっています。だからこそ、あらためて共生をどう考えていくのかということが重要になってくるわけですが。

**三浦**　重要になってくるんですよね、確かに。

**吉原**　重要なんですが、すごく厄介な課題ですね。都市で近年私たちが目撃しているのは、美しい都市であり整然とした都市であり、その極みはまさにフロリダいう創造都市です。ただ、そこでいうアクティビティ、あるいはクリエイティビティはいったいなんなんだろうかと考えさせられます。

ネオリベラル的な都市間競争の中で、目的合理的な美しい都市が優先されています。そしてそこにイメージとか美学といったものが取り込まれています。もともとイメージや美学は、さきほどの界隈性やそこからあらわれるにぎわいをつくり出すものですが、そういったものが非常に硬直化しています。

たしかに、軒並み高いビルが建って、瀟洒なストリートファーニチャーができあがっています。ビルがつくり出すスカイラインは機能美を奏でています。でも、そこで見られる均質性には、たとえば、さきほど取り上げたネットカフェ難民が埋め込まれているわけですね。考えてみれば、不可視化して埋め込むということは、結局、排除していることなんです。だからそういった今の都市のありようを問い返す必要があります。

アイリス・マリオン・ヤングが『正義と差異の政治』の中で都市のエロティシズムということを言っています（Iris Marion Young, *Justice and Politics of Difference*, Princeton University Press, 1990）。いろいろな人が出会うことによって、驚きとか興奮とか魅惑といった都市経験が累積される、そしてそうした都市経験が都市の妙味といったものをつくり出すと言うんですね。フロリダはそれがアクティビティの源泉になると言っていますが、実際のところ、どうなんでしょうか。若い人たちにとって、それは本当にリアルなのかどうか、考えてしまいますね。

**三浦**　どうなんでしょうかね。これは私の印象論ですけど、フロリダが言っているような「多様なものとの出会いによって生じる驚きや興奮」というのは、結局のところクリエーティブクラスにとってのプラス面であるように思います。例えば先ほどおっしゃったように、ネットカフェ難民の人たちは埋め込まれてるわけですけど、彼ら彼女らからすると、むしろ自分から埋め込まれていってる。ネオリベ的な価値観みたいなのを自分でも内面化しているから、自分が悪いんだっていう劣等感があると思うんですよね。そうすると、それこそ公園とかに行くよりも、今の若い貧困層の人たちって、もう誰とも関わりを持ちたくない、見られたくないからネットカフェに入るという側面があるのではないかと思います。知らない人達の中で埋もれたい。出会いから閉じこもる。そういう人たちとの共生って考えた時に、フロリダ的な論理で可能なのか……。

**吉原**　ちなみに、フロリダ自身、創造都市がある種の人々を排除する可能性のあることを否定していない。だけど、ひょっとしたら排除とか包摂というような語りでは、もはや都市のリアルを表現できなくなっているのではないでしょうか。少なくとも、分断とか隔離とか排除などにかかわる都市言説は、いまやその有効性が大きく問われるようになっているのではないでしょうか。

**三浦** そうですね。包摂、排除という言説は、「入れる／入れない」というようなイメージの語りですが、入れてもらおうとも思っていない人たちがいるというのが難しいところだと思います。

**吉原** その点でいうと、たとえば、デジタル都市がどのような可能性を持っているのかを問うことは興味深いが、その点はあとで述べたいと思います。その前に、共生についてもう少し考えてみませんか。

**三浦** 共生をどういう切り口で語ればいいのか。難しいテーマですよね。最近思うのは、共生という言葉がどんどん世の中に溢れてきて、何でも「共生」として語られてしまっている。共生というのは本来、異質なもの同士の連携であったり協力関係というものを意味すると思うのですが、ほとんど同質的な人同士の協力関係が時折、「共生」として語られる傾向があるような気がします。

社会の分極化が進んで「同じ社会の中で暮らしてる人間」として意識していない人たち同士の「共生」をどう実現させていくのか。他の例で言えば、ジョック・ヤングが言う「悪魔化」の議論は、「同じ人間」として捉えない傾向性を指摘する議論ですが（ジョン・ヤング『排除型社会――後期近代における犯罪・雇用・差異』［１９９９］、青木秀男・伊藤泰郎・岸政彦・村澤真保呂訳、洛北出版、２００７年）、特に過激な宗教対立、エスニシティ間の対立という場合に表面化するものだと思います。こういう場合の「共生」もとても難しい問題だと思います。

**吉原** エスニシティの問題は、本当に難しいですね。未来永劫、違いはずっとあると思います。だから迂回して、身近なところから議論したいと思います。たとえば、障害者と健常者について。実は、いま都市に身を置いて強く感じるのですが、多くの人々は障害者と一緒にいるという感覚をほとんど持ち合わせていないのではないでしょうか。学校でも企業でも障害者と健常者を明確に分けています。だから、自分たちのまわりに障害者がいることに違和感を抱いてしまう。でも本来は、自分たちのまわりに障害者がいないということに違和感が覚える、そういう社会にしなければならない。多様性というのはそういうことではないでしょうか。

結局、想像力の問題だと思います。自分たちの家族や身の回りに障害者がいたら、そういう状態に自分が置かれたらどうなのかということを、人ごとではなくて自分事として考えざるを得なくなる、そういうような意味での想像力ですね。

**三浦**　そこから組み上げていくしかないですよね。「障害を持つ」ということはどんな人にも起こりうる点で立場の互換性が行いやすい一方で、エスニシティになってくると相手の立場に立って考えるという想像力を持ちにくいということはあるとは思いますが、いずれにせよ想像力は重要であると思います。

**吉原**　都市計画でユニバーサルデザイン（障害の有無などを問わずに利用できることを目指したデザイン）ということがよくいわれます。しかし私から見れば、ユニバーサルデザインは非常に福祉的な色調を帯びています。ユニバーサルデザインによってできた部屋に障害者をあてがう。でも、基本はみんなが泊まりたい部屋に泊まる、つまり誰もが泊まれる部屋を用意する、そういう形でデザインを考えていく必要があるのではないでしょうか。

そういう点である種のオーセンティシティをもたせ、レガシーとして継承していくということがもとめられているように思います。

**三浦**　障害者の方の立場を改善しようとする運動は昔から続いてきたと思いますし、運動のレガシーも少なからず継承されてきたと思うんです。「障害者がいないことに対する違和感」はまだそこまで生まれてないのかもしれないですけど、障害者と健常者の事例は共生の事例としては比較的うまくいっている例だと思うんです。もちろん課題はまだまだあるとは思いますが。

問題は、これが貧困層という対象の場合にどうなのかっていうことだと思います。「貧困層がいないことに対する違和感」を人々は持ってないと思うんですね。むしろそれが心地よいと。「ホームレスがいないほうが自分たちの暮らしにとってはいい」っていうような社会になっている。それが消費社会ということなのかもしれないのですが。

**吉原**　前にも言及しましたが、ある意味で消費社会化が過度に進展して公共性が成り立たなくなっていることが、そういう形であらわれているといえますね。だから、もう一度日常生活次元に立ち返って、アーレントが言うような相互性の文脈で公共性のありようを検討してみる必要があるのではないかなと思います（ハンナ・アーレント『人間の条件』［１９５８］、志水速雄訳、ちくま学芸文庫、１９９４年）。

**三浦**　そうですね。

**吉原**　もっとも、具体的にということになると、なかなか難しいのですが、たとえば、ボランティアをやっていて、あるいは市民運動とかかわっていて呼び掛けとか気付きといったことがものすごく大事になっています。

これは森千香子さんがあるところで紹介している話ですが、２０１７年のアメリカの下院選で民主党候補を応援するボランティアの運動において、共和党支持地区のところで、拒否されても繰り返し民主党議員への投票を呼び掛ける中で、やがて自分たちの主張に賛同しないまでも耳を傾けてくれるようになったというものです。ここでは呼び掛けが気付きになっています。それは何かというと、ある種の共通感覚に近いものです。もちろん共通感覚だから、ものすごく脆弱なものです。でもそういう共通感覚をどんどん積み上げていく中で、エスニシティの違いをとらえ返すような動きが出てくるわけです。

ここでいう共通感覚は、非常にエモーショナルなものです。頭で考えて共生とか、違いを乗り越えていくといったことではなく、違いはあるんだよね、だけどそういったものを共通感覚でとりあえず見つめ直すということが大事なんだ、というわけです。

その場合に決定的に重要なのは、リスペクトということです。リスペクトがないと駄目ですね。齋藤純一さんが『不平等を考える』の中で指摘していますが（ちくま新書、２０１７年）、エスニシティとかジェンダーとか世代などが違うときに、尊敬というものがないと違いが埋まっていかない、つまり共生が現実のものにならないと主張しています。だから、共通感覚をどういうふうに具体化し、そのうえでリスペクトを作り上げていくのかということがきわめて重要になってきます。

**三浦**　似田貝先生が被災者を支援する人達の研究をされていた中で、「コプレゼンス」という支援者の論理を明らかにしていました（似田貝香門編『自立支援の実践知』、東信堂、２００８年）。それはつまり、被災者と支援者が同じ時空間に特別の条件なしに共に居合わせる事を意味します。例えば、東日本大震災の被災者支援で、足湯のボランティアがありました。支援者の方が足湯に入っている被災者の足をマッサージしながら「大丈夫ですか」と呼びかけるのですが、最初は被災者の方も心を閉ざしていて何も話してくれない。そうすると、支援者も自分たちの支援活動の意義を考えてしまうわけですけど、被災者のことを思って愚直に対話を試みてコプレゼンスしていくことで、お互いにお互いの気持ちが分かりあえていく部分が出てくる。そのような実践論理によって共通感覚が生まれていくということだと思います。

話を戻しますと、やはりリスペクトはすごく大事なことで、それは当然な行動なんだということをいかに社会の中で共有させていくことができるかっていうことだと思います。

**吉原**　ルールとか制度とは違うものとして、ですね。

**三浦**　教育なのかもしれない。

**吉原**　そうですね。たとえば、シティズンシップ教育のようなものとして。そうした教育においては、共生を義務付けないし目的ともしない。むしろ、先に言及したような界隈性のようなものから別の意味で立ちあらわれてくる可能性に目を向けています。

**三浦**　共生がなかなか現状としてうまくいかないことと、界隈性みたいなものが消失しているというのは、やはりどこかでつながっていると思うんですよね。そういう意味では社会の課題と都市の課題がつながっているかなと思います。

**吉原**　そうしたつながりは緩やかな共生、あるいは行ったり来たりする共生といえるかもしれません。それは必ずしも楽観的で美しいものではありません。

## ◈デジタル都市の可能性と課題◈

**吉原**　ところで、共生を考えていく場合に、話が少し飛ぶようですが、デジタル都市の可能性と課題をどうとらえるのかということが大きいですね。

　こんにち、私たちは良くも悪くもデジタル都市の中を生きています。そこで自らの立ち位置を確認しなければならなくなっています。だから、たとえば、さきほどの呼び掛けや気付きといった場合に、アプリを通してトークを行なうこと、つまりデジタルトークで果たして可能なのかという問題に突き当たらざるを得ません。この点についてはメディアなどでは否定的に言われているようだが、どうなんでしょうか。

**三浦**　デジタルトークによって新たな出会いが生まれる可能性はあるかもしれないのですが、現状としてはうまくいってないのかなと思います。特に今若い人たちはみんなＳＮＳをやっていると思うんですが、そこでの議論空間は閉じたものになってしまっていると思うんですね。言ってしまうと同じ価値観、同じ意見の者同士での議論になってしまっている。ＳＮＳだとちょっと意見が違う人はすぐブロックして見れないようにできるので、同じような価値観、考え方の人たちだけで固まってしまう。

　日々の日常生活においても、友達同士でのデジタルなやりとりはあると思いますが、全然知らない人とのデジタルなトークは現状としてはあまり行われていないのではないでしょうか。電話というメディアが登場してから「第三者」の存在感がそれこそ消失してきている部分があるという印象があります。

**吉原**　いま、三浦さんが指摘されたことが大きな社会問題となっていることは否定できませんが、デバイス・アプリのようなものから派生するある種のコネクティッドなものに可能性はありませんか。

**三浦**　例えばどういうことでしょうか。

**吉原**　コネクティッドなものによって閉じたものが開いたものに反転していくということは考えられないでしょうか。

**三浦**　メディアが社会の新しい側面を生み出していくという部分もあるとは思いますが、一方で、社会の側がメディアを利用して社会を再生産している部分もあると思っていまして、今、社会の側がどんどんと島宇宙化している中で、そのツールとしてデジタルデバイスが使われる側面の方が強い印象があります。現状としてはまだそこまで閉じたものが開いたものに反転していくという状況は起きていないのではないかと思っています。

もちろん可能性の萌芽が全く見られないわけではなくて、例えば、本や音楽や映像など、色々な情報に接することが可能になってきて、そこから開かれていくものもあるかもしれません。これは良いか悪いかは微妙ですが、ＡＩのような機能で、検索や購入の履歴から、その人の考えや価値観に適した情報を推薦してくれるようになっている。アマゾンとか。そうすると自分一人では手に入れようとしない情報に出会う可能性も出てきているかなと思います。もちろん、どれだけ異質な価値観と出会える機会になっているかは分からないですが……。

**吉原**　その可能性を考えていく場合には、ＡＩをどうとらえるかが喫緊の課題になりますね。とはいっても、私たちは未だそれを問うだけの経験的データを持っていません。

**三浦**　まだＡＩがそんな出てないからですよね。

**吉原**　まだこれからだよね。

**三浦**　これは別の話になりますが、マッチングアプリというものがありまして、このデバイスで全然知らない人と会って、デートとか、人によっては性行為とかするわけですね。私はちょっと怖いと思っているんですが。ただ、それはある意味で、若い人たちの人間関係の新しいつくり方なのかもしれない。また、これは結構、若い女性が使っていたりするんですね。そう考えると、女性のセクシャリティのリベラル化という風な捉え方もできるなと思っています

**吉原**　比喩的に言えば、都市という謎がますます深まっているような気がします。つないでいくということにこだわれば、要するに結節的なものからメディア的なものへのトランスフォーメイションが臨界局面に達しているよう印象を受けます。たぶんセクシャリティの変容がそれを象徴的にあらわしているのでしょうね。

セクシャリティはまぎれもなく先に触れた相互性の世

界に深く足を下ろしています。だから、その変容がこれまでの人間関係を超えてある種の輝きを放っているとするなら、都市があらたな意味での自己実現の機会を与えているともいえます。実に悩ましいですが。

**三浦**　そうですね。これまで男性には、出会い系やダイヤル Q2、風俗など性的欲望を実現する場が都市にたくさんあったわけですが、女性の性的欲望を実現する場が都市には少なかった。その意味では、マッチングアプリの誕生によって、女性にもそのような場が都市に生まれていると言えるかもしれません。人が多くないところではマッチングしないので、結局都市部でマッチングアプリを使う人が多いわけで、そう考えると、若い人にとっての都市の意味というのは、都市の場所性ではなくて人口密度の高さなのかもしれませんね。

**吉原**　いずれにせよ、セクシャリティとかジェンダーなどから都市の意味を考えることがますます重要になっていると思います。

**三浦**　セクシャリティは大きく変わりつつあるでしょうね。

**吉原**　さて、セクシャリティやジェンダーをさらに深掘りすると、境界の意味が変わってきていることに気づくかもしれません。ここでいう境界は、平たくいうと、分けるものという意味です。ちなみに、ベックは彼の言う第二の近代において、境界が壊れるとか、境界が変わっていくということを言っていますが、都市がメディア的なものへと特化することによってますますそうした事態が進みます。それとともにデジタルなセルフがつくり出されていることについてはすでに述べました。

ところでそのように消費主義的な個人からもう一歩先にいってしまうと、従来の価値観では語れなくなってしまうし、そうしたデジタルなセルフを主体とする都市そのものが異界に入ってしまいます。まさにポストヒューマンな都市的世界があらわれることになりますね。

**三浦**　デジタルなセルフなのかはわかりませんが、マッチングアプリでは相手との相性が計算されて、出会ったり出会わなかったりする。また、セクシャルマイノリティーの人たちはそれまで恋人とかを見つける時は特定のエリアに行かなくちゃいけなかったわけですけれども、デジタルデバイスが誕生することで知り合える機会は非常に増えたと思います。

**吉原**　その基底には、これまで言われてきたような男と女の違いや世代の違いが微妙に壊れているのが見え隠れしています。一種の境界の壊れですね。

**三浦**　壊れていくかもしれませんし、再強化されるかもしれません。結局、同じ人たちで集まって島宇宙化してしまう可能性もあります。

**吉原**　再強化されるにしても、いままでとは違った境界設定が行なわれると思います。これまでの境界は壊れていくけれども、それに代わる境界が立ちあらわれると、それが同じような機能を果たすのかどうか。私は必ずしもそうとは思わないのですが。

**三浦**　それはあるかもしれないですね。分野によって境界が変わってくるものもあるかもしれませんね。ジェンダー的な部分やセクシャル的な部分っていうのはおっしゃる通り、境界線が変わっていくかもしれません。

**吉原**　それは、シンギュラリティが跳梁するポストヒューマンの世界においてより顕著にあらわれてくるかもしれません。そしてそうなると、場としての都市という論じ方がますます難しくなるでしょう。

**三浦**　確かに「東京論」みたいな形で、場としての都市を議論することがなかなか難しくなってきたという印象があります。ポストヒューマンの世界は領域性、場所性を超えてそういう境界をつくるかもしれない。

**吉原**　渋谷論や新宿論は、ある時期、都市論の世界で非常にもてはやされました。それは多かれ少なかれ消費社会論と地続きになっていました。しかしそういった都市論の時代はもう終わっています。

**三浦**　そうすると特定のフィールドの研究っていうのはどうしたらいいでしょうか。

**吉原**　その点は都市社会学や地域社会学で真剣に考えてもらいたいと思いますが、議論はほとんどなされていないように見えます。

**三浦**　そうですね。もちろん都市社会学、地域社会学という枠組みを超えていいと思うんですけど、どうやって超えて、どういう形で議論したらいいんでしょうかね。

**吉原**　難しいですね。まずオープンディシプリンのありようから議論してみてはどうでしょうか。

**三浦**　なるほど。私はあらためて都市の意味とは何なのかということが重要なのかなと思うのですが、それをどう考えていけばいいとお考えでしょうか。

**吉原**　前にも述べましたが、都市の意味を問うというのは非常に大きなテーマですね。だけどそれと同時に、私たちがどういうふうにして都市といわれるものの中に自分を位置付け、またいかにして都市といわれるものを飼いならすかということが問われているような気がします。これで終わるわけではありませんが、議論のひとつの落としどころは見えてきたのではないでしょうか。

**三浦**　ちょっとまとめると、近代都市のときから課題であった多様性や寛容性、共生という点は依然としてうまくいっていない部分があります。今、共生が起こっている現場というのはそこまで多くないと思うので、そういう可能性の萌芽を見つけて、なぜそれが実現しているのかということを考えていくということが必要なのかなと思います。また、おっしゃられたように実際に都市のユーザーたちが実際に暮らしている中でどういうふうに都市を飼いならしているかという点から都市の意味や共生の可能性を見ていかないといけないのかなとも思います。

**吉原**　同感です。その上であらためて指摘しておきたいのは、さきほど述べたレガシーの問題です。これまで都市がどれだけ揺らいで、どう変わっているかということを議論してきたと思いますが、そのように変わっていくものがどうつながって、未来を構成するようになるかを見極めることが今後の重要な課題であるといえます。まさにレガシーの問題ですね。

そうしたレガシーの問題を意識しながら、多様性を認め合うような共生社会を規範とか義務などに縛られないで、どうプレゼンスするかということが、さしあたり問われているのではないでしょうか。

**三浦**　それもすごい重要なテーマですよね。さて時間があれば、デジタル都市についてもう少し議論をしておきたいですね。どうですかね。自分にはデジタルデバイスを使った新たな出会いの経験がないので、「こういう可能性がある」ということを提示しづらい部分はあるのですが、先生が考えている「出会い」というのは、フェース・トゥ・フェースの出会いということを考えているんでしょうか。

**吉原**　実質的にはデジタルトークです。

**三浦**　なるほど。今のSNSの課題ばかり言って申し訳ないのですが、例えばtwitterは字数制限があって、どうしても表面的な議論になってしまうと思うんですね。レガシーという点で言えば、ある問題について、これまでいろんな議論が積み重なってきているものを十分に参照できるようになっていない。そもそもSNSは利便性を重視する世界なので、深い議論空間が現状としてはできていないなという印象があります。

**吉原**　ただ、情報を参照するという意味での、ある種のレファレンスの空間はできあがっています。それが場になるかどうかは別にして。

**三浦**　レファレンスの空間。そうですね。確かに、昔に比べれば、そうかもしれません。

**吉原**　それとSNSなどを介して出現しているあらたな地景も無視できません。アパデュライはそれをエスノスケープ、メディアスケープ、テクノスケープ、ファイナンススケープ、イデオスケープという5つのスケープで言い表しています。これらは非常に複雑に交錯しながら多層的にあらわれています。あらためて注目されるのは、そこに隙間ができ、そうした隙間に瞬間的な出会いが生まれ、さらにそうした出会いを通してなんらかのトークが起きているようにみえることです。漠然とではあるが、共生に向かうアトモスフィア、雰囲気みたいなものができあがっているのではないでしょうか。

**三浦**　可能性としてはあるかもしれません。

**吉原**　スケープという点で言うと、都市がモノ、コト、ヒト、情報のグローバルな移動とともにある種の移動体、しかもそれがデジタルなデザインの移動体となっていること、そして結果的にコネクティッドな空間になっていることが注目されます。

その点で類比的に想起されるのは、コネクティッド・カー（ICT端末としての機能を有する自動車）です。車と言うと、どうしても走る車を思い浮かべがちですが、いまやただ単に走る車ではなくて、たとえば、音楽を楽しむとか景観を愛しむなどといった多様な機能をつなぎ、そして何よりもそれ自体がビッグデータであるようなステーション的なものになっています。都市はまさにそういうコネクティッド・カーのようなものとしてあるわけですね。

**三浦**　そうですね。ＭａａＳ（自家用車以外の交通手段をクラウド化して移動を一つのサービスとして捉えるシステム）のように車をめぐるシステムがこれから変わっていくでしょうから、新たなコネクティッド空間が生まれる可能性はあるかもしれません。

**吉原**　スマホが持っている機能をほぼ兼ね備えているのがコネクティッド・カーです。そしてそれと類比的に語れるのが都市ですね。

**三浦**　大事になってきますね、確かに。スマホも車もモバイルなプライバタイゼーションであって、つまり私的空間が移動している。それがコネクティッドしながら、都市の中で増殖し、移動していくということですね。それは確かに、都市の1つのこれからの形ですよね。

**吉原**　たとえば、最初の方で言及したセンサーの束はまさにそうしたものとしてあります。

**三浦**　なるほど。だからそこでまた、話が戻るんですけど、結局そこで生み出される出会いっていうのは本当に異質なものとの出会いなのかっていうのがやっぱり気になるところです。

**吉原**　そうですね。異質性の中の出会いというより、流動性の中の出会いといった方がいいかもしれません。そしてそうであればこそ、そうした流動性に裏打ちされた都市をめぐってパラダイムシフトが起こるわけです。

従来、都市は定住を前提にして議論されてきました。でもいまは、そこを訪れて、また別のところに行くといった、ある意味で繋留地のようなものとして議論されることが多くなっています。だから、移動のパターンやフローをそこで組み直す、まさにアフォーダンス（環境が動物に対して与える意味／価値）の役割を担っていると見なされるのです。まさに意味媒体としての都市とでもいっておきましょうか。

**三浦**　それは大きいですね。近代都市は定住地として都市を作ってきて、係留地として都市を作っていないから、変化への対応に弱く、これからいろいろな形で都市は揺らいでいくんだろうと思います。

**吉原**　だから、その先に繋留地としての都市が見えてくる。そしてそれを一つの固まりとしてとらえ返してみると、揺らぐ都市の内実が浮かび上がってくるというわけですね。ここでは、そんなふうに都市があると確認した上で、あらためて都市において監視空間化が著しく進んでいることに注目したいと思います。

**三浦**　共生と真逆のベクトルですよね、完全に。今このベクトルの方が強いですよね。

**吉原**　真逆なんだけど、ひょっとしたら共生の裏面をなしているのかなと思います。共生を義務としてあるいは制度としてとらえた場合、当然監視が進んでいく。その一方で排除がみられるようになります。つまり監視し排除することによって共生が成り立つということになります。

**三浦**　共生する人の境界線をどこに設定するのかという問題になってくると思います。つまり、ホームレスを排除することによって、それ以外の人たち同士の「共生」が可能になっているだけかもしれません。

**吉原**　そこで再び近接性がもとめられるようになり、三浦さんが指摘したような島宇宙化が進むわけですね。

**三浦**　そうですね。でもそれはやっぱり真の意味での共生ではない。

**吉原**　さてここで少し話題を変えますが、都市が揺らぐというときに忘れてはならないのは、サービスを交換するとか、自分の欲しいサービスを手にするといった場合に立ちあらわれる、いわゆるアクセスエコノミー（シェアしあう経済）に大きな変化が生じていることです。

この点で特に注目したいのは、現在、カード社会化が異常に進んでいることです。詳しくは述べませんが、カード社会化は先ほど触れた監視化と相乗作用をなして進展しています。問題は、さきほどの都市のリアルということで言うと、特に若い世代が監視化そしてカード社会化を当たり前の風景として受け入れていることです。そうした事態はとどまることがないように見えます。

繰り返すまでもありませんが、監視機能を帯同するカード社会化は国家の一元的な管理をきわめてシンボリックにあらわしています。だから、私たちは共生ということを考えていく場合に、そういう一元的な管理がＡＩの進展とともにどうなるのかについても見ておく必要があります。

**三浦**　国、企業による一元的な管理に抵抗するような、市民社会の側での何かしらの支え合いの仕組みというものをやはりつくっていかないといけないだろうと思います。

**吉原**　そこで注目されるのが互酬のシステムですね。それから、シェアリングも重要ですね。ただ、鳴り物入りで立ちあらわれているＭａａＳなんかをみていると、たしかに便利で使い勝手がいいように見えますが、カードによる決済システムと不可分に結びついており、そこに内蔵されたビッグデータに不気味さを覚えざるを得ません。少なくともライドシェアリングといわれるものの内実については十分に検証する必要がありそうです。

**三浦**　そうですよね。そう考えますと、似田貝先生が言っていたように（似田貝香門・吉原直樹編『震災と市民――連帯経済とコミュニティ再生』、東京大学出版会、２０１５年）、資本主義経済とは異なるモラルエコノミー（道徳経済）のようなものが今後重要になってくるだろうと思います。

**吉原**　そうしたモラルエコノミーを成り立たせている互酬システムを市民社会にどのように埋め込むかが大きな課題になります。

**三浦**　資本主義と相乗作用で進行する監視社会化のベクトルを弱めていくためには、市民社会が新たな互酬システムをつくっていかないといけないだろうと思います。また、そのシステムは資本主義と対立するものではなく、共存するようなものとして構想していく必要があるだろうと思います。

**吉原**　そう、方向の違う多様なベクトルが共にあるということが重要ですね。

**三浦**　そうですね。それはすごく大事な点ですよね。

**吉原**　いずれにしても、機能的なシェアリングに回収されない互酬システムがこれから非常に大事になるのではないかと思います。そういう点でまた、市場経済のありようを、さきほどの多様なベクトルが交差する平面で検討する必要があります。

**三浦**　そこで、かつてジェイコブズが界隈性に見出していた互酬システムを、いかにこれからまた新たに都市の場で立ち上げていくことができるのか、ということが重要になってくるだろうと思います。

**吉原**　それは、さきほどジェイコブズを今日的な文脈で再審する必要があると述べたことと結びついています。そろそろ議論をまとめたいと思いますが、最後に三浦さん、ひと言述べてください。

**三浦**　色々な論点が出ましたが、全体的にはつながっていたように思います。モビリティが増大し、デジタル化が進行していく中で、都市のあり方が大きく揺らぎ、都市の捉え方も揺らいでいます。こうした状況下で、近代都市の時代から課題であった「共生」という問題が改めて浮上しているし、それをいかに捉えていくかが今問われている。その際、都市における界隈性をどう取り戻していくのか、という視点はより良い都市を構想していく上で、一つカギになってくるのではないか、と思いました。

**吉原**　そうですね。そういう界隈性、そしてそうした界隈性の持つある種のにぎわいや雑多性を脱境界の地層にどう埋め込み、そして再びそうした地層からどう離床させるかが、今後大きく問われそうです。

## 【後記】変容する都市の描像……………………吉原直樹

問題提起を受けて対談をおこなったが、何が明らかになったのであろうか。いっそう混迷が深まり、あるのは、確たるものを何も手にできなかったことへの戸惑いともどかしさだけであるといえば、あまりにも無責任であろうか。そもそも、都市へのこうした問いかけ自体、むなしいものなのかもしれない。とはいえ、対談を通して浮き彫りになったものもある。それは、都市そのものというよりは、むしろ都市の意味づけが非常に大きく揺らいでいるということである。それでは、何がどのように揺らいでいるのであろうか。

ひとつは、都市を何らかの凝集体（態）としてとらえることへの理論的問い直しに関連している。凝集体（態）としてとらえる視点がまったく無意味であるというのではない。重要なのは、都市へのまなざしが近代の変容とともに、たとえば、ベックのいう第一の近代から第二の近代への移行とともに、結節的なものからメディア的なものに動いていることである。何よりも、視軸の中心がア・モバイル（不動）からモバイルへと移っている。そして定住をア・プリオリに措定する都市観への見直し／再審がはじまっている。この見直し／再審の動きはさまざまな形であらわれているが、対談では主として、都市に埋め込まれた境界を問うということになった。たとえば、ベックの第二の近代で主要な論点となっているジェンダーとかジェネレーションとかエスニシティなどをめぐる境界のリアリティが論じられた。こうした境界がことごとく消滅しているとは言えないが、少なくとも従来のような位置取りや機能をもちえなくなっているのは明らかだ。そうした中であらたな境界の出現が取りざたされた。しかしこれについては再編強化の動きとしてとらえる一方で、近代の機制のなかにある領域性、場所性の単なる延長線上には位置づけられないということも確認された。

同時に、境界をデバイドとしてとらえかえしたときに、いままでとは異なる光と闇がみえてきた。近代の機制におさまっていた包摂と排除の連鎖に回収されないあらたなセクシャリティやジェンダーの登場、そして底のない落層化が都市の分極化として語られてきた説明枠組みを大きくゆるがしていることが明らかになった。対談では、前者において都市の意味のあらたな問い込みと再審がみられるようになっていること、その一方で、後者において当の担い手（＝落層化する主体）が自らの置かれた状況を自覚的に問い返すことなしに受容／容認していること、しかもそれじたい、不可視化していることが指摘された。だから結果的に、デバイドは縮減されるどころかますます大きくならざるを得ないのである。ともあれ、こうした事態を通して、都市を一方向的／定型的にとらえることの揺らぎ／限界が露呈することになった。

対談ではさらに、デジタル都市が上述の事態を刷新するものであるのか、それとも上塗りするものであるのかが、共生の原義とその現実に立ち返りながら検討された。あまりにも肯定的にならず、またあまりにも否定的にならず、デジタル・コミュニケーションやデジタル・セルフのありよう、そしてそれらがもたらす、あらたなコネクティッドなものに照準をあわせながら論議された。例示的にとりあげられたマッチングアプリをめぐる討議はきわめて衝撃的であった。それは、たしかにかつての都市が界隈性としてもっていたもの、すなわち「多種多様な人々が出会い、交流し、つながりが作られるような賑わい」を奏でるものではない。しかし境界の壊れとともにできた隙間から瞬間的に立ちあらわれ、異主体間での創発＝節合の形成をうながすものを抱合しており、流動性の中の、まさに行ったり来たりする中での共生の原構造をきざしているといえないこともないのだ。もちろん、過剰な読み込みは避けなければならないが、上述したデバイド／隙間に対して一つの架橋的役割（決して埋めるのではない）を果たすものとしてあることは否定できない。

結局、対談で明らかになったのは、都市は真逆のものを含んだ、きわめて複層的な移動体（態）としてあり、さまざまなパターンやフローをつなぎ、組み直す繋留拠点としてあるということである。だからこそ、意味媒体としての都市のありように思いをめぐらせ、その底にあるものをすくい出す必要がある。そしてそれとともに、都市を読み解釈する側も、たえず揺らぎ方向の定まらないものにならざるを得ない。デジタル化がこのことをいっそう促しているのは、指摘の通りである。重要なのは、この揺らぎが避けられないことを自覚した上で、多様性、異質性、流動性の中の共生のありようを都市の可能性と課題の中心に据えることであろう。それは『共生』という課題がより困難な形で現代都市に浮上している」という冒頭の問題提起に応えるためにも避けて通ることができない。まさにシティ・オン・ザ・ムーブを見据えて、ということになるのだ。

# 都市のスケールとリズムについて

【提起】 彦江智弘
「規格化不能なものとしての都市と人々の実践のために」

【対談】 彦江智弘 ＋ 榑沼範久

【後記】 榑沼範久「現代世界の始まりのマッシュルーム」

トリニティ実験爆発 0.016 秒後
（Berlyn Brixner/Los Alamos National Laboratory, 1945.07.16）

## 【提起】規格化不能なものとしての都市と人々の実践のために……………………彦江智弘

すでに各所で取り上げられているように、国際連合の「世界都市人口予測2018年（改訂版）」によると、1950年には世界総人口の30％程度だった都市部人口は、アジア・アフリカを中心に2050年にはおおよそ70％に達するという。しかも人口1000万人以上のいわゆる「メガシティ」は、2017年の37都市が2030年には43都市を数えるにいたると予想されている。おそらくこの数はさらに増大していくことだろう。このように人口動態を起点に見た場合、ある意味、私たちの世界は都市というひとつのスケールの増大、あるいは拡大によって特徴づけられるとみなすことが可能であろう。

一度視点を国内に移しても、少なくとも首都圏は大規模開発の時代である。これを牽引するのはもちろん今年（2020年）開催されるはずだった二度目の東京五輪であるが、現在、東京横浜地区において300件近くもの大型開発プロジェクトが進行中であるという（『東京大改造マップ2020－20XX』日系BP、2020年）。実際、東京の街を歩いてみて否が応でも脳裏に焼き付くのは、大規模な建設現場と新しく竣工した巨大な建造物群が形作るランドスケープである。もちろんこの背景にあるのは国際都市間競争の激化であり、次の五輪の開催地であるパリでも、郊外の自治体を含む首都圏全体の一体的大規模都市再開発計画である「グラン・パリ」プロジェクトが進行している。都市化が劇的に進むこの時代、ある意味、世界は工事中なのである。

もとよりこのような都市化の爆発的な進行を技術的にデザインしコントロールする方策を練り上げていくこと、あるいはデータを駆使してその有り様を精緻に分析することは喫緊の課題である。だが本章ではむしろ都市というこのスケールをいかに捉えるのか、あるいは生きるのかという問題意識を通底させた様々なテーマを検討する。その際の手がかりとしたいのが、一つには、アンリ・ルフェーヴルの『リズム分析』(Henri Lefebvre, *Éléments de rythmanalyse: Introduction à la connaissance des rythmes*, Éditions Syllepse, 1992) である。狭義にはもちろん音楽用語であるが、人間の活動のみならず微細な生物の世界から宇宙までをも貫くこの「リズム」という多層的な概念を、いかにして都市や世界を語る言葉として具体的に賦活させるのか。実際、ルフェーヴルもリズムという現象が「分子から銀河にまで」及ぶものであり、それ故にリズム分析が必然的に領域横断的となることを強調しているが (p.98)、都市とスケールを主題とする私たちの対話も思想や文学あるいは建築や音楽など様々な領域を横断しながら進行することになるだろう。

その一方で、都市とスケールの問題ということで真っ先に思い浮かぶのは、おそらく『S, M, L, XL』を初めとするレム・コールハースによる一連の考察ではないだろうか。周知の通り、近代都市計画がスケールの可変性を備えたモデルの構築によって都市をコントロールすることを模索したとすれば、コールハースはスケールの拡大が生み出すモデル化しえない特異性を解放することに専心してきた。かたや都市の増大・拡大を工学的に制御するモデルを構築する立場、かたや今日の都市のスケール・アップから現れる特異性とこれを生み出す力――資本主義――の湧出を肯定するという立場。おそらくこの先も、このような対位法が都市をめぐる言説を規定する軸の一つとして作動していくはずだ。

だが同時に、このような対位法からは漏れ落ちる声や音にも耳をそばだてる必要があるのではないか。実際、現在進行中の世界規模の都市化において、その主要なアクターであるにも関わらず、その存在が往々にして数として捉えられ処理されがちな「私たち」にはいかなる実践の可能性が――この「工事中」の世界において――残されているのだろうか。改めて確認する必要はないのかもしれないが、都市は専門家の言説と実践によってのみ占有されるものではない。そもそもルフェーヴルの『リズム分析』が、彼の『日常生活批判』における考察の延長上で構想されたものであることを忘れるべきではないだろう。

そしてメガシティが「ＸＬ」であるならば、非専門家としての私たちの実践の可能性を探るために、「ＸＬ」から「ＸＳ」

のレベルへと――だからといって「XL」レベルで起こっていることから目を逸らすことなく――一挙にスケールを下降してみたい。それは場合によっては、個々の人間というスケールを超えたさらに微少なスケールへの下降でもあるかしれない。これを私たちは、とりわけアナ・チンの『マツタケ――不確定な時代を生きる術』を手がかりにしながら考えることになるだろう。それは「XL」とは異なる「XS」の特異性を探り当てることであるはずだ。

## 【対談】都市のスケールとリズムについて……………彦江智弘＋榑沼範久

### ◆和歌と建築の起源◆

**彦江**　都市空間研究会では最初の年に、アンリ・ルフェーヴルの都市論、特に最晩年にルフェーヴルが構想していた『リズム分析』を起点に各自がテーマを設定し、それを発展させる形で報告を行いました。その際に考えたのが、フランス文学を専門にしてきたということもあり、文学におけるリズムの問題でした。文学におけるリズムの問題として真っ先に思い浮かぶのは、もちろん詩歌です。日本の場合だと、七五調の和歌のリズムにふれないわけにはいかない。そこで個人的に発見だったのが、七五調の和歌で最古のものとされる『古事記』に収められた次の有名な歌です。

八雲立つ　出雲八重垣　妻籠みに
　八重垣作る　その八重垣を

一読して不思議な歌で、「八重垣」という言葉が三度も反復され、最古の七五調の和歌とされるにもかかわらず、「八」という文字にいたっては四度も反復されます。

**榑沼**　『古事記』は口承文化、無文字文化の流れを集約して、それを文字文化の規格で翻訳したものと言われるだけありますね。この歌を声に出して読むとなおさら、冗談を交えれば、漢字の八がまるで数字の8のように、とぐろを巻くように循環していくように感じられます。

**彦江**　そうなんです、反復が渦をまく、軽い目眩を催させるような歌です。その一方でじっくり読んでみると、この歌は一種の建築行為に関わるものだという点が非常に興味深く感じられました。建築の起源をどこに求めるかは諸説あると思いますが、建築が人工的に何らかの空間を産み出すものであるとして、この歌で問題となっているのも、妻を住まわせるためのひとつの空間をいかに作りだすかということだからです。

**榑沼**　確かに八重垣、八重垣、八重垣と、建築的なものの強調がくどくどしいですね。しかも、それが七五調の和歌という規格の誕生と重ね合わせられているとしたら、それはどういう事態なのでしょう。建築と和歌という二つの種類の規格が、もし強迫的に反復されることで誕生していくとすると、その規格が闘っているものの存在も気になるところです。

**彦江**　確かにこれは複合的な読みを誘発するような歌だと思います。この歌が詠まれるのは、次のような一連のエピソードにおいてです。八岐大蛇（やまたのおろち）を退治した素戔嗚尊（すさのおのみこと）は櫛名田比売（くしなだひめ）と暮らすために出雲の須賀に宮を構えます。その際に、宮を取り囲むようにあまたの雲が湧き上がるのを見た。そして詠んだのがこの歌だとされています。つまり、妻を籠もらせ外から守るための――「妻籠み」は、古井由吉の作品にあるように「妻隠」とも書かれます――垣根に見立てて宮を作るということがここでは問題になっている。しかし垣根によって外から内をたんに隔てるのではなく、八重垣と八雲を重ねることで、隔てたはずの外と内を通底させる。しかも、この歌に続けて素戔嗚尊と櫛名田比売が三人の子をもうけることが語られるのですが、この八重垣＝宮のなかで櫛名田比売が身籠もることを考えると、八雲の内側に八重垣があるだけでなく、さらにその内側に子を宿す櫛名田比売の身体があるという三重の入れ子構造になっています。

ここでは外界にある自然と人間の身体という二つの自然を建築という人造物によって隔てるのではなく、それらを媒介するものとして建築が構想されています。そして紀貫之の『古今和歌集』「仮名序」によれば、この歌がそれまでは定まっていなかった日本の歌謡に一つのリズムを与え、以降このリズムが綿々と引き継がれていくことになります（ただし『古事記』に現れる歌謡がすべて七五調を採用しているわけではなく、複数の音律が混在しているのですが）。

**樽沼**　建築と和歌の規格と先ほどはまとめてしまいましたが、和歌の規格にも揺らぎが生じているし、建築の規格にも出産する身体と、もくもくした雲という二つの変容するものにはさまれているのですね。

バタイユは『ドキュマン』誌に載せたいくつかの文章のなかで、埃や唾のように無定形な物質世界が、形態の区切られた建築の壁を崩壊させると言葉を叩きつけ、建築の形態に理想を見出そうとする人間を呪っていました（ジョルジュ・バタイユ『ドキュマン』［１９２９～30］、江澤健一郎訳、河出文庫、２０１４年、38～40、98、１４４、１６７頁）。『古事記』では建築の起源が、二つの無定形なものと巻きあうように隣接している。この隣接は、やがてどこかで分離していくのかもしれませんが、バタイユの建築批判より錯綜した事態をもって、建築の起源が記されているのではないでしょうか。

さらに言えば、素戔嗚尊が櫛名田比売を身籠らせ、姫が子どもたちを産む八重垣という場所は、八岐大蛇を素戔嗚尊が殺す場所でもありました。身籠った姫が出産をすることになる八重垣は、姫たちを喰らおうとする大蛇を、そこにおびき寄せて殺害しようと造らせた建築だったのです。建築と和歌の誕生をめぐって殺戮と誕生、交合と出産がからみあっています。

伝承文学研究家の三浦佑之さんが口語に訳され、注解を加えている『口語訳　古事記』で学んだのですが、「おろち」の「ち」は霊力を指し、大蛇を意味するよりもまえに、「得体の知れない怪物」「得体の知れない恐ろしいモノ」を表わすとのことです。しかも、『古事記』原文でいうと「高志之八俣遠呂智」と最初に出てくるわけですが、この「コシ」は「越の国」、今の北陸地方を指すそうです（『口語訳　古事記［完全版］』、三浦佑之訳・注解、文藝春秋、２００２年、49頁）。そうだとすると、日本列島での建築と和歌の起源の神話には、荒ぶる力が交錯する渦のなかに、複数の音律が交錯する裏舞台や、越の国と出雲の国の地政まで刻印されていることになります。ここに都市と国家のひとつの原型を見たようにも感じるのですが、それは飛躍しすぎでしょうか。

**彦江**　素戔嗚尊の歌で詠まれる一見すると世界をすっきりと構造化する八重垣が、国家の成立にまつわる闘争の痕跡を隠し持っているというのは大変重要な指摘だと思います。そうするとなおのこと、背後にあるそのような声も含めて複数のリズムを聴き取ることが求められるのではないでしょうか。この素戔嗚尊の歌はルフェーヴルを媒介に整理することが可能です。ルフェーヴルは、都市を分析する単位としてのリズムが都市を構成する建造物のオーダーからのみ生み出されるものではないことを強調します。仮にそういうことならリズムの問題も都市計画家や建築家の製図台の上でほとんど完結するわけです。しかしルフェーヴルはリズムを都市で営まれる人間の活動、あるいは都市を包み込む自然のリズムなどから織りなされる複合的なものであると捉えます。こう考えると、自然、建築、人間の営みが折り重なる素戔嗚尊の歌はルフェーヴルのリズム分析にとってある意味、範例であると言えるかもしれません。

しかしここで注意しなければならないのは、スケールの異なる要素が関係しながらも、それらが呼応関係に置かれ、七五調という単一のリズム（isorythmie）がこれにフレームを与えている点です。つまりここにあるのは異なるスケールが織りなすポリリズム（polirythmie）ではない。むしろスケールのスムーズな変化に七五調が一定のリズムを与えているという事態ではないでしょうか。そして先ほどの八岐大蛇の解釈につなげるなら、この一定のリズムによって支えられたスケールの変化からは排除されたものがあるということになります。

**樗沼**　まだ英訳でしか読めていないのですが、ルフェーヴルは『リズム分析』のなかでリズムの様態の分類をしていますね。多様なリズムで構成されるポリリズム状態（polyrhythmia）と、同型反復のアイソリズム状態（isorhythmia）のほか、リズムがバラバラになって不整脈のようになる病的状態（arhythmia）。そして、異なるリズムが連合して整えられるユーリズム状態（eurhythmia）。ルフェーヴルが強調するのは、アイソリズム状態とユーリズム状態の区別でもあって、純粋なアイソリズム状態は人工的に極度に組織化されたものに偏在するけれど、人工と自然を横断して遍在しうるのはユーリズム状態と見なしている。そしてルフェーヴルにとっての大きな課題は、都市でも、国家でも、身体でも、アリズミアの病的状態を発見し、「リズムを通して、野蛮にではなく」ユーリズム状態に回復させていけるかどうかということにあった（Henri Lefebvre, *Rhythmanalysis: Space, Time and Everyday Life*, trans. Stuart Elden and Gerald Moore, London: Bloomsbury, 2004, pp. 77-78)。それによって「いかなる政治的立場も宣言することなしに」「衰退するこの世界やこの社会の「革命的」変容を微小な部分であれ成しとげる」のだと（p.35)。

七五調も八重垣も、われわれが読解してきたように、揺らぎやいろいろな異物をはらんでいるわけですから、ポリリズムではないにしても、ルフェーヴル的に言えばアイソリズムというよりもユーリズムに分類されるのではないか。ただ、今のお話のなかで大事なのは、異なるスケールの要素、異なる尺度や規格の要素が一つの尺度や規格に変化していくときに、一定のリズムが媒介となってフレームを与えているのではないか、ということですね。

## ◆リズムの問題◆

**彦江**　ええ、そしてこれと似たようなスケールの可変性とリズムとの関係は、たとえばル・コルビュジエにも観察されます。ル・コルビュジエは１９３５年にロックフェラー財団に招かれ、初めてアメリカを訪問します。その滞在記として書かれたのが『伽藍が白かったとき』（［１９３７］、生田勉訳、岩波文庫、２００７年）です。「ニューヨークの摩天楼は小さすぎる！」という言葉がたいへん有名ですが、この本でル・コルビュジエはアメリカの都市そのものだけでなくアメリカの生活の実に様々な側面に目を向けています。その一つにジャズがあります。

ル・コルビュジエはブロードウェイで見たルイ・アームストロング楽団の演奏を描写しながら彼の考えを発展させていくのですが、ジャズのリズムの正確無比さを強調しながら、これをスポーツや街の描写、とりわけ機械の作動音と重ねていきます。「路面電車のきしむ音、地下鉄の狂騒的な音、工場での機械の連続的打撃音。われわれの生活のまわりのこの新しい咆吼から、黒人は音楽を作るのだ！」（２８９頁）。そしてもちろんこれが都市にも適用される。「私は繰り返して言おう、マンハッタンは石と鋼（はがね）のホットジャズである、と」（２９０頁）。ここには内と外を隔てるものとしての建築という問題こそ見られませんが、それでもスケールの異なる様々な事象が一つのリズムによってまとめ上げられるという事態のヴァリエーションを見出せはしないでしょうか。

　ル・コルビュジエにおけるスケールの可変性のテーマというと、例えば都市計画のモデルとしての「輝く都市」やドミノ・システムのような工法、あるいは建築の基準尺度としてのモデュロールが思い浮かぶわけですが、このようにル・コルビュジエのリズムの捉え方に注目することで、たんに建築にとどまらない生活や環境も含みこんだより広い文脈で、ル・コルビュジエの建築にスケールという観点からアプローチする手がかりになるかもしれません。

**樽沼**　なるほど。ル・コルビュジエの『伽藍が白かったとき』は、言葉自体が「ホットジャズ」のように沸騰している、そのような本ではなかったですか。清潔な公園によって隔てられた高層建築に太陽光が満ちあふれる「輝く都市」の構想や、鉄筋コンクリートの建築を規格化して大量生産させるドミノ・システムの工法だけでは見えなくなってしまう、ル・コルビュジエの過剰な体質がすごく露出している。この本、取ってきていいですか。

　開いてみると面白いことに、ここにも雲が登場しています。ハーレムのダンスホールに行ったとき、舞台の背後に雲が動いていくように見せる舞台照明だったことから、「あらしの雲のあいだで、音楽が生々（なまなま）しい自然からおこってくるようだ」（２８９頁）と。この渦巻く雲と音楽の「旋風」のなかで、人間はそこから「避難」するために「堅固な家を建設する」というのです（同前）。建築は避難先ですね。ここでのル・コルビュジエは、建築に体現されている人間の「道徳的不安」や「立派ではあるが危なっかしい計算」と、「ずっと遠くからきて、遠くに去る」雲、「引きちぎったり群がったり」する雲に体現される地球の事象を、「まったく別のもの」と見なして、「はっきりしたコントラスト」のもとに置いています。飛行機でアトラス山脈を横断したときに悟った「地質学のドラマ、風の演技」も、ハーレムの空間に混ぜ合わせながら（289～290頁）。だから、「ジャズは建築よりもっと進歩している。もし建築がジャズの到達した点にあるなら、それは信じられない光景を呈するだろう。［……］マンハッタンは石と鋼（はがね）のホットジャズである」（290頁）と宣言される。

**彦江**　確かにジャズにおいてリズムの正確無比さを強調するというのは、いわゆるモダニズム建築の巨匠としてのル・コルビュジエのイメージを超え出るものではありません。ところがいざ実際にテクストを開いてみると、冷徹に正確無比さを貫くというのとは異なる躍動が彼の言葉をドライブしていて鮮烈な印象を残します。ル・コルビュジエのテクストは例えば、やはり両大戦間期にアメリカを訪問しているセリーヌなどとも比較検討することが可能かもしれません。しかしその一方で、「ニューヨークの摩天楼は小さすぎる！」と声高に叫ぶル・コルビュジエがいる。レム・コールハースの言い方を借りれば、「自分のブレイン・チャイルドの出産権を確立するために、彼はニューヨークなるものの信憑性を打ち砕き、そのきらびやかなモダニズムの火花を殺してしまわなければならない」（『錯乱のニューヨーク』［1978］、鈴木圭介訳、ちくま学芸文庫、412頁）と考えるル・コルビュジエも同時に存在しているわけです。

ル・コルビュジエによるジャズの解釈は、例えばデヴィッド・P・ブラウンの *Noise Orders: Jazz, Improvisation, and Architecture*（University of Minnesota Presses, 2006）でも検討されています。ブラウンは、ル・コルビュジエがアームストロングの演奏に見られる複数の時間性の重なりや潜在性を還元的に捉えていると指摘しています。ただ、ル・コルビュジエがニューヨークを訪れた1935年はジャズにとって重要な転機になった年でもあります。なぜなら1935年のベニー・グッドマンのLA公演の大成功によって、スウィング・ジャズが確立されるからです。ブラウンはこれを行為（action）から形式（form）への転換であると位置づけます。またブラウンが下敷きにしているリロイ・ジョーンズの『ブルース・ピープル』（1963）によれば、集団的即興から編曲者が大きな位置を占めるビッグ・バンド・ジャズへの移行は、「動詞から名詞への」転換ということになります。つまり、ご指摘いただいたように、ジャズ自体は渦巻く雲のようなものだったのが、この時期に編曲という「人間の細かくて綿密で精確な計算」（『伽藍が白かったとき』、２９０頁）によって形式＝規格化が進んでいたということになります。もちろんこれ以降のジャズの歴史は、ある意味この形式＝規格化に抗う様々な試行錯誤によって駆動されてきたと捉えることも可能です。ここではその分かりやすい例として――都市の名前を冠していることが象徴的でもあるのですが――、集団即興の可能性を追求したアート・アンサンブル・オブ・シカゴを挙げておきたいと思います。

実はブラウンは、ハーバード大学に建てられたル・コルビュジエの「カーペンター視覚芸術センター」を題材に、アームストロング的な時間性がル・コルビュジエの建築にも現れていることを分析しています。同じように、ル・コルビュジエの言説自体に彼の主張を裏切るようなリズム性を見出すことも可能です。例えば『伽藍が白かったとき』のジャズに割かれた章で、ル・コルビュジエはレコードによる世界の音のライブラリー化を提唱しています。そこで「世界の音を記録すべし。われわれの耳を作るもの、街の音、あの交響曲を機械的にレコードに刻み込むとよい」（前掲書、２９４頁）と主張するのですが、そこで列挙されていく様々な音は決して一つのリズムに収斂するようには見えない。そこでは「運転中の機械の拍子」だけでなく、例えば「デモ行進の群衆の咆吼」から「船首が波をきる音」、はては「驢馬（ろば）のホメロス風のいななき」や「蛙の鳴き声」までが列挙されているのですから。確かに街の喧騒や機械の作動音、あるいは船のモーターなど先のジャズ解釈に連なるような事例を取り上げてはいるものの、列挙の地滑りのようなものが生起していて、いつの間にか「風に鳴る索具の唸り」や「こおろぎの唄」に言及している。このような列挙の地滑りの運動もル・コルビュジエのテクストを面白くしているものです。

**榑沼**　ルフェーヴルも多様なノイズや囁（ささや）きや喧噪を聞き分けること、それは多様なリズムを身体で追いかけていくことであって、社会生活の始まりから行われているのだと『リズム分析』の「結論」で書いていますね。昆虫の飛翔する音にも、いろいろな花や雨にも、子どものような声にも敵対する声にも、密会にもインタビューにも、それぞれのリズムがある。それをレコードやカセットに録音して省察すれば、「リズムをその多様性において」抱握し、概念を創造して思考することもできると（*Rhythmanalysis*, p.79）。

レコードによる世界の音のライブラリー化を提唱するル・コルビュジエからは、寺田寅彦との同時代性も浮かび上がってきます。寺田は１９３５年に亡くなりますが、物理学の領域を超えた世界の存在にも敏感で、まさに自然物と人工物を横断して響く多様な音に耳を傾け続けた人でした。雨の音、波の音、氷の割れる音、火山の爆発する音、関東大震災に遭遇したときに聴いた音、さらには自身が入院した病院の夜明けの音や、蓄音機やラジオや映画の音響まで、音響をめぐる随筆がたくさんあります。

ル・コルビュジエのマンハッタン経験ともっとも関連するものに絞るなら、「音の世界」［「試験管」第６節］（１９３３）でしょう。東京を歩く自分の手のなかの書物が地下鉄や自動車の運動や警笛によって振動する場面が描かれたり、東京に流れるジャズ音楽の身体性・触感性について記したり（『寺田寅彦随筆集 第四巻』、小宮豊隆編、岩波文庫、１９４８年、１５７〜１５８頁）。いろいろな潮汐の昇降を蓄音機のレコードに記録して、音響として聴取することで、地域によって異なる潮汐の固有振動や潮汐異常を発見する構想を語ったりもしています。もちろん潮汐に限らず、人体や山脈の輪郭や、日々の気圧の変化の曲線、そして相場や株式の高下の曲線にも、この方法が等しく適用されるわけです（１６０〜１６１頁）。

また、寺田寅彦は「ラジオ・モンタージュ」（１９３１）のなかで、エイゼンシュタインやプドフキンの映画のモンタージュ技法にも触発されながら、その技法を超えて、世界の同時刻に異なる場所で生じている多様な音響をモンタージュしたり、過去に生じた音響を現在に生じている音響とモンタージュしたりして、それをラジオで放送する構想も展開しています（『寺田寅彦随筆集 第三巻』、小宮

豊隆編、岩波文庫、1948年、101〜103頁）。

ここで大事なのは、世界の無数の音を（人間の感覚器官とは異なる性能と性質に応じて、機械固有の制限を設定しながらも）いわば無差別に記録し、再生する機械の存在でしょう。ル・コルビュジエや寺田寅彦を通して考えるとき、この機械の位置はそう単純なものではないことに思い当たります。機械の両義性を考えてみたいのです。機械の記録する音響としては、人工物も自然物も、都市も非都市も等価になります。多様な音響を人間が操作可能な情報にしていると同時に、それまで聴くことができなかった音響にまで人間を連れていってくれる。

たしかに機械は、スケールの異なる事象を一つのリズムにまとめあげる機能を果たすでしょう。まさに同時代のクラーゲスもリズム論の古典のなかで、魅力的なリズムと機械的な拍子を区別しています。「もっとも完全な規則現象は機械であり、機械的運動はリズムを抹殺する」（ルートヴィヒ・クラーゲス『リズムの本質について』〔1934〔1922の講演原稿に由来〕〕、平澤伸一・吉増克實訳、うぶすな書院、2011年、15〜16頁）。「機械的作業には、拍子づけられた歩みをリズム的な振動で満たすことができる唯一のもの、つまり拍動する波立ちが欠けるのである」（57頁）。でも、ル・コルビュジエがマンハッタンで聴いた「ホットジャズ」の機械的作動は、「あらしの雲のあいだで、音楽が生々しい自然からおこってくる」ように感じられるものでした。

そもそも機械は人工と自然を媒介するもので、ル・コルビュジエがあげていた工場の機械にしても、地球から採掘や収集してきたいろいろな資源や生命をとりまとめ、機械を操作する人間の肉体も介在させつつ、資源や生命をエネルギーや商品に変換し、都市的生活を増幅させていく。規格や尺度の異なる複数のものを、機械を媒介にして、別の規格や尺度に変換していく。機械は変換器、整流器です。この過程のなかには、たしかに地球の多様な事象や生命を収奪する、画一化・規格化の方向がある。チャップリン監督・主演の『モダン・タイムズ』（1936）が風刺したフォーディズムの工場はその典型で、肉体にも商品にも大量生産の画一化・規格化を強制する。しかし機械が社会のなかで作動するためには、機械はその入口から出口まで、機械を超えた複数の事物や生命を差しはさまなければならない。かたちの決まらない変容するものたちと同時に、機械は作動する必要があります。

また、私たちはつい一つの機械が動いているところをイメージしやすいですが、現実社会では、ひとつの機械だけが使用されるわけではなく、機械も複数あり、それらが同時に作動しています。複数のいろいろな機械が、多数の肉体や物体とともに躍動している。ル・コルビュジエがニューヨークを、寺田寅彦が東京を歩きまわり、交通機械で移動して体験したのは、こうした機械と肉体・物体の集合体です。

## ◆廃墟での生存様式◆

**彦江**　したがって都市のリズムと言った際に、建築やその配置計画などに限定されないリズムを考えなければならないのは言うまでもないにしても、問題は一つには、いかにポリリズムを確保し、なおかつそれをどのような形で作動させるかということではないでしょうか。
例えば、詩人の入沢康夫の代表作『わが出雲・わが鎮魂』（［1968］、思潮社、2004年）は、さきほどの『古事記』の神話の世界に由来するリズムをずらし、あるいは引き裂きながら、ポリリズミックなテクスト空間を開こうとする試みと捉えることが可能です。「やつめさす／出雲／よせあつめ　縫い合わされた国／出雲／つくられた神がたり／出雲／借りものの　まがいものの／出雲よ／さみなしにあわれ」（5頁）。「やつめさす」は「出雲」にかかる枕詞であり、ある意味、一首の和歌のようにこの作品は始まります。しかし「出雲」が反復されるとはいえ、音律的には七五調がずたずたにされていく。その一方で、意味論的には、「出雲」が「よせあつめ　縫い合わされた」「まがいものの」国であることが断定的に語られる。しかもこのテクスト自体、日本に限らず様々な文化に由来する引用やイメージの寄せ集めによってできているということが、「わが鎮魂」を構成する膨大な註によって明らかにされていくという構成になっています。
**樽沼**　『わが出雲・わが鎮魂』はパリの五月革命含めて、都市を主戦場に、いや主戦場を都市の向こう岸に感じながら、政治・社会・文化が揺れていた年に刊行されたのですね。これ自体がラジオ・モンタージュのようでは。

**彦江**　あるいは、もっと日常的な実践の形というものもあるのではないかと考えています。しかもその実践を行うのはいわゆる専門家である必要もないのではないか。例えば非専門家による日常的実践ということでは、小規模で短期的な公共空間への実験的介入であるタクティカル・アーバニズムなどが近年注目されています。あるいはミッシェル・ド・セルトーが『日常的実践のポイエティーク』（［１９８０］、山田登世子訳、国文社、１９８７年）で建築家・都市計画家の「戦略」に対置させる非専門家の「戦術」が思い起こされます。しかし専門家と非専門家の対立をいたずらに煽るのでもなく、専門家の職能を否定するわけでも、あるいは無名の市井の人びとの活動を過大に評価するのでもなく、様々な実践を結び合わることが必要なように思われます。

**榑沼**　その前振りからすると最近、何か自分でもしていることがあるのですね。

**彦江**　実は、一昨年から学生たちと会津若松でＺＩＮＥを作るワークショップをやっています。西会津をベースに活動しているデザイナーのチームと知り合ったことがきっかけなのですが、こう言ってよければ、都市というスケールからサイズダウンした小さな町で、ＺＩＮＥというやはり通常の紙媒体のメディアからみるとかなりサイズダウンした冊子作りをやっていることになります。ＺＩＮＥはmagazineやfanzineを縮めてできた言葉で、手作りの小冊子のことを指すわけですが、なぜかこれが自己表現の手段として20代を中心にいま世界中で静かに流行っています。最初は、ぼくが単純に面白いと思ったところからこのワークショップは始まったのですが、同時にＺＩＮＥってなんだろうということもやはりちょっと考えておかなければならない。

日本のＺＩＮＥの歴史を概括した本の中で編著者の野中モモさんは次のように言っています。「メインストリームのメディアからこぼれ落ちてしまうもの。まだ名前がつけられていないもの。不定形のもの。分類不能なもの。現時点では取るに足らないと思われているもの。それ故に存在価値のあるもの。そういったところからかたちをなしてきたものだから、ＺＩＮＥを定義することは難しい」（ばるぼら×野中モモ『日本のＺＩＮＥについて知ってることすべて』誠文堂新光社、２０１７年、２頁）。これ自体たいへん魅力的なＺＩＮＥの定義だと思うのですが、自分なりにＺＩＮＥの歴史を辿っていくと、非専門家による日常的実践を捉える際の一つの方向性が示されていると考えるようになりました。

まずＺＩＮＥはたんなる自己表現の手段ではなく、オルタナティヴ・メディアとしての側面を持っています。なぜなら多くの場合、ＺＩＮＥは大手のメディアでは取り上げられない文化事象に関わるものだからです。あるいは取り上げられたとしても必ずしもこちらが読みたいものではなかったり、場合によってはそれに特化したメディアが存在しないこともあるでしょう。こういう文化事象に対して、ないなら自分たちで作ってしまえということで愛好家たちが、例えばＳＦやコミックのファンジンを作る――今でもいわゆるオタク・コミュニティで実践されている活動です。このようにＺＩＮＥは主にポピュラーカルチャーのフィールドにおいてオルタナティヴ・メディアを作るということに起源を持っているわけですが、なかにはもっと社会的な側面を持ったＺＩＮＥの流れもあります。例えば１９７０年代のパンクや１９９０年代のライオット・ガール（Riot Grrrl）ムーヴメントがその代表です。後者は戦闘的なフェミニズムを標榜し、たんにメインストリームのロックに対するオルタナティヴというだけでなく、男性中心主義に対抗するという側面を強く有していて、ロックのフィールドだけでなくフェミニズム運動にもインパクトを残しました。

**樽沼**　私の東京藝大講義「メディア概論」を履修していた『HIGH(er) magazine』の編集長でモデルのharu.も、いまの日本では避けられてしまいやすいこと、でも自分たちが生きていくうえで大事なこととして、ファッション、セックス、ポリティックスを結び合わせるオルタナティヴ・メディアを立ち上げ、ＺＩＮＥも自分で作っていました。

**彦江**　ＺＩＮＥにはＤＩＹメディアという側面もあります。もちろんコピー機で印刷したページを手で折ったり、ホチキス止めで製本したりするわけですから。このＤＩＹという側面を全面化させたのがパンクです。それにパンクは都市的なムーヴメントだということがあります。初期のパンクはロンドン・パンクやニューヨーク・パンクと呼ばれていたし、あるいは80年代にもＤＣ・ハードコアなど都市名を冠したムーヴメントが存在しており、それぞれの都市の現実に深く根ざしていました。例えばロンドン・パンクなら、ザ・クラッシュのように都市をテーマとする楽曲も多数残したバンドもいました（ザ・クラッシュはスカのビートなども取り入れ、楽曲を多声的にした"Rudie can't fail"のような曲を残してもいます）。

**樽沼**　我々の対談も掲載されることになるこの本（『都市は揺れている』）の題名を思いついたとき、実はザ・クラッシュのファーストアルバム *The Clash*（１９７７）に収録されている"London's Burning"が頭にあったのです。

**彦江**　ロンドンが退屈で燃えさかっているという曲ですね。パンクは従来の音楽ビジネスのなかで量産されるロックに対するオルタナティヴとして登場したという背景もあり、バンド自身やファンによるＺＩＮＥの文化を醸成しました。そのなかでも最も有名なのが、*Sideburns* というＺＩＮＥです。より正確には、その創刊号（１９７７年1月号）の裏表紙なのですが、そこには手書きでギターのコードを記した三つのイラストに次の言葉が添えられています。"NOW FORM A BAND."つまり、音楽をやるにはコードを三つ覚えるだけでいい、後はもうバンドを組んで演奏しろというメッセージです。ここにパンクのＤＩＹ精神が凝縮されているとしてよく引き合いに出されるのですが、パンクは演奏だけでなく、コンサートの企画やレコードレーベルの運営、あるいはファッションなどにこのＤＩＹ精神を拡張していきます。

ＤＩＹというと、多くの場合「手作りの工作」や「日曜大工」という意味合いで使われるわけですが、スローガンとして定着するのは第二次世界大戦後のイギリスであるとされるようです。終戦直後、破壊され廃墟となった町を再建するにあたって資材や専門家が不足するなか、大工や建築士であるわけではない市井の人びとが、時に助け合いながら手に入る材料で自分たちの住居を作り直していく。これが広まり、１９５０年代にはイギリスで日曜大工に特化した*Do It Yourself*という雑誌が創刊されます。こういうふうにＤＩＹの歴史を振り返ってみて示唆的だと感じたのが、ＤＩＹへと人を駆り立てるものが、廃墟に生きるという状況だったということです。そうすると70年代のパンクにとって、当時のロックは一種の廃墟であり、もしかすると当時のロンドンも廃墟と映っていたのではないか。

**榑沼**　ザ・クラッシュの"London Calling"（１９７９）を聴くと、あの最初の音が鳴っただけで緊張感を覚えると同時に、心躍るのはなぜなのか。揺れ動いている都市の文化的昂揚感が終焉し、気候変動、原子力発電所のメルトダウン、食糧不足、エンジン停止、そして水害が襲撃し、警棒や警報が跋扈し、戦闘が宣言される都市で、怖れることなく水際で生きるとくりかえし歌われ、オオカミのような叫び声が谺する。いま日本で聴くとリアルです。いろいろな「廃墟」のなかを、ＤＩＹの精神と戦術で生きていかなければならない。

**彦江**　それにパンクの発展の背景としてサッチャリズムを挙げることもできます。あるいは"London Calling"とはそもそも第二次世界大戦中、ＢＢＣが流していた空襲警報のことですね。そういった意味で、この曲は歴史的にも廃墟と関連していると言えるかもしれません。もちろん廃墟といっても、物理的に目の前に廃墟があるということではなく、いかに廃墟を透視できるかということなのだと思います。

この間に合わせの材料でなんとか遣り繰りするという状況に身を置くということでまず思い出されるのは、やはりレヴィ＝ストロースが唱えた「ブリコラージュ」の概念ではないでしょうか。知られるように、レヴィ＝ストロースはエンジニアに器用人（ブリコルール）を対置します。エンジニアがあらかじめ用意した設計図に沿って必要な資材やツールを計画的に取り揃えるのに対して、器用人の方はありあわせの雑多な材料を駆使して即興的に組み立てていく（クロード・レヴィ＝ストロース「具体の科学」『野生の思考』［１９６２］、大橋保夫訳、みすず書房、１９７６年、22〜24頁）。このような器用人としての未開人というイメージは、面白いことに、ベンヤミンのテクストにも登場します。１９３３年の「経験と貧困」がそれです。１９３０年代はベンヤミンが「複製技術時代の芸術」（１９３６）で論じている通り、新しい技術が急速に発達・普及する時代でした。「複製技術時代の芸術」が新しい技術の文化的・政治的インパクトを検討しているとすれば、「経験と貧困」はこの新しい技術の浸透が社会にいかなる変化をもたらしたのかを論じています。実際、「技術のこの途方もない発展とともに、あるまったく新しい貧困が人間に襲いかかってきた」とベンヤミンは言います（『ベンヤミン・コレクション２――エッセイの思想』浅井健二郎訳、ちくま学芸文庫、１９９６年、３７４頁）。ここで問題になっている「経験」は、人類が様々な経験から導きだし共有・継承してきた知恵を含意しています。しかし機械技術の発展が、私たちからそもそも経験を奪ってしまったというわけです。ベンヤミンはこれを一つの文明の崩壊とみなし、「この経験の貧困は、一種の新たな未開の状態」であると位置づけます（３７５頁）。

けれどもベンヤミンはこのような状況を批判しているわけではありません。「未開の状態だと？　いかにもその通り。私がここでこの言葉を口にするのは、未開の状態についての新しい、ポジティヴな概念を導入するためである。というのも、経験に乏しいとき、未開人はどのような状態へと強いられるだろうか？　そのようなとき、未開人はいちばん初めの段階から事を起こさねばならない。つまり、新たに始めること、わずかばかりのもので遣り繰りすること、そのわずかばかりのものから拵えあげること、そしてその際に、右や左をきょろきょろ見ないこと」（３７６頁）。このようにベンヤミンにとって「未開人」とは、文明の廃墟に現れる存在です。そして彼の存在様式は器用人のそれである。このように文明の廃墟を透視し、あたかも「未開人」のように事を始める人たちがいる。ベンヤミンはその例として、アドルフ・ロースやクレーの名前を挙げるのですが、パンクやライオット・ガールたちもそのような「未開人」だったのではないでしょうか。

あるいは先ほど名前を出したアート・アンサンブル・オブ・シカゴ。彼らは、必ずしも正規の音楽教育を受けていないアフリカ系のミュージシャンたちが60年代半ばに結成した相互扶助団体ＡＡＣＭ（Association for the

Advancement of Creative Musicians）を母体とするグループです。ＡＡＣＭはフリー・ジャズの一大流派をなしていくわけですが、活動の背景には都市問題もありました。実際、50年代後半からシカゴのサウスサイドのジャズクラブがジェントリフィケーションのあおりで閉鎖される中――これは全米で最大規模の公営団地であるロバート・テイラー・ホームズが竣工したのと同時期で、シカゴのアフリカ系の低所得者層の多くがこの団地で暮らすことになります――、彼らはシカゴ大学など新たなコンサート会場を開拓し、地域の子どもたちに無料の音楽レッスンを提供するなどの活動を展開していきます（George E. Lewis, *Power Stronger Than Itself : The AACM and American Experimental Music,* University of Chicago Press, 2008, p.86）。このＡＡＣＭのミュージシャンたちも同じように「未開人」なのではないかと言ってみたくなります。

**榑沼**　１９２３年９月１日の関東大震災の直後で言えば、今和次郎たちがＤＩＹ精神で立ち上げた「バラック装飾社」が「器用人」「未開人」にあたるのではないか。東京のバラック街をボランティアで、色とりどりに、にぎやかに、装飾していくプロジェクトです。また、寺田寅彦は関東大震災後の銀座を歩きながら、震災前の銀座がすでに「ただ商品と往来の人とだけ」の、「一種のバラック街に過ぎなかった」と綴（つづ）っています（寺田寅彦『柿の種』［１９３３］、岩波文庫、１９９６年、74頁）。そして復興後の東京もまた、寺田寅彦の診るところ、「いろいろな商品のレッテルを郭大して家の正面へはり付けたという感じ」の「カフェやバーの正面の装飾美術」を典型に、「爆音を街頭に放散している」「東京ジャズ」なのだと（寺田寅彦「カメラをさげて」［１９３１］、『寺田寅彦随筆集 第三巻』、39頁）。巨大科学から離反し、大小の破局によって穿（うが）たれた日常生活のなかから、新たな観察と発見の日常生活を歩き続けた寺田寅彦も、「器用人」「未開人」の種族なのだと思います。こうした種族に我々もきっと連なっている。

## ◆規格化不能（ノンスケーラブル）なもの◆

**彦江**　廃墟を透視し、それを未開の状態として受け入れる。そしてそのような状態から新たに活動を起こしていく人間がいるとして、そのような人間の行動をいかに記述することが可能なのか。ここで手がかりにしたいのが、近年注目されているマルチスピーシーズ人類学に分類されるアナ・チンの『マツタケ――不確定な時代を生きる術』(〔2015〕赤嶺淳訳、みすず書房、2019年)です。世界各国で話題になっている本ですが、この本の冒頭部分に面白いエピソードが紹介されていて、1945年、広島に原爆が投下された後の荒廃した土地に最初に発生した生命がマツタケだったそうです(6頁)。ある意味、ここにも廃墟から「新たに始めること」が変奏されているわけです。『マツタケ』の原題(*The Mushroom at the End of the World : On the Possibility of Life in Capitalist Ruins*)が示すように、アナ・チンは新自由主義経済が世界を覆い尽くしたこの世界をひとつの「廃墟」と見立てて、このような世界を再建する手がかりをマツタケとマツタケをめぐる様々な「種」の間の「染め合い」に見ようとします。

そのようにして取り上げられるテーマに、スケーラビリティ(規格不変性)の問題があります。スケーラビリティとは、「プロジェクトの枠組みをまったく変化させずに、円滑にスケールを変えることができる能力」と定義されます(58〜59頁)。例えばPDCAサイクルという品質管理のマネジメント方式がありますが、これなど様々な分野の大小異なるスケールで活用されており、いまや大学でも頻繁にこの言葉を耳にしたりするわけです。実際アナ・チンによれば、このようなスケーラビリティはいたるところに見出されます。『マツタケ』では、例えばサトウキビのプランテーションが一つの原型として取り上げられています。16世紀にブラジルに入植したポルトガル人は、在来の植物を根絶し、そこに外来種であるサトウキビを持ち込み、アフリカからの奴隷を使ってモノカルチャーの効率的な栽培システムを構築する。ひとたびこのようなシステムが開発されると、これを拡大し、他の土地に導入すること、あるいは他の作物にも適用することが善とされる。このようなスケーラビリティは都市開発や都市計画とも無縁ではないように思われます。実際、不動産デベロッパーが主導するショッピングモールを中心とした街作りなど、まさしく一種のプランテーションのように見えなくもない。

**榑沼**　ときどき子どもを連れて、ショッピングモールで家族の買い物をしますよ。快適ですし安全ですし便利です。ただ、ショッピングモールは電力を大量消費する空調がなければ快適にならない。密閉された人工空間の典型ですね。その意味では、新しい病院やオフィスと似ています。また、買い物と飲食とモールの主催するイベント、それ以外の出来事は生じないように安全管理された空間でもあります。店舗のたくさん入った空港にも似ていますね。こうしたショッピングモールは１９５０年代のアメリカ合衆国から広まっていった。

コールハースもショッピングモールに注目していましたが（レム・コールハース＋ハーバード・デザインスクール都市プロジェクト「ショッピング」、暮沢剛巳訳、『TN Probe』第９号「特集 MUTATIONS」２００１年、60〜61頁）、「ショッピングはおそらく最後に残された公共活動の形態だ（Shopping is arguably the last remaining form of public activity）」という冒頭の文章は、おそらくコールハースらしい皮肉でしょう。「ショッピングは、論ずるに値する最後の公共活動である」という意味ではないのですが、これを読んだ評論家や建築家たちのなかには、勢いづいてショッピングモールを持ち上げていた人たちもいたようです。しかし、合衆国の１９５０年代というのは、快適さを演出する消費空間を世界各国にマスメディアを活用して広告すると同時に、暴力的な浪費資本主義と超軍事体制と肥大した官僚機構をセットにして世界覇権を進めた時代です。スケーラビリティ（規格不変性）の普及は何を基盤にしたのか、何と同調したのかということが問題になります。

**彦江**　あるいはル・コルビュジエとＣＩＡＭ（近代建築国際会議）に代表される近代的都市計画が模索したのもスケーラブルなモデルを適切に構築することだったように思われます。『ユルバニスム』（［１９２４］樋口清訳、鹿島出版会、１９６７年）には、例えば次のような一説があります。「実験室における専門家の仕方にならって、私は個々の場合を避け、あらゆる起伏を遠ざけ、理想的な土地を選んだ。目的は、［……］現代の都市計画の基本原理をつくるにいたることであった。これらの基本原理は、偽りでなければ、現在の都市化のあらゆる方式の骨組を構成することができる。それらは、それに準じて事を運びうる規則となろう。続いて、個々の場合、すなわちあらゆる場合――パリ、ロンドン、ベルリン、ニューヨーク、あるいは小さな街――を考えよう」（153頁）。ここでも規則＝規格を開発し、それをスケールの異なる様々な場所に適用していくということが問題になっています。

また、ル・コルビュジエが『建築へ』（1923）において近代都市計画の先駆者として言及している都市計画家にトニー・ガルニエがいます。そのガルニエの『工業都市』（1917）もまさしく「実験室」としての「理想的な土地」を設定して、工業化時代の都市計画の「基本原理」を開発するものでした。ガルニエは作家のエミール・ゾラに影響を受けているのですが、そのゾラが晩年に『労働』（1901）というユートピア小説を残しています。この小説では架空の都市におけるユートピア都市の建設が語られるのですが、面白いことに、新しい都市が完成して終わりというわけではない。最後に現れるのは、この都市がモデルとなって理想都市が世界に拡がっていくというイメージです。こんなところにもすでに都市をめぐるスケーラブルな拡大の発想が滲み出ています。

こうしたル・コルビュジエの批判者としてまず名前が挙がるのは、現代ではなんといってもレム・コールハースです。すでに少しふれましたが、『錯乱のニューヨーク』にはル・コルビュジエの『伽藍が白かったとき』に割かれた辛辣な章が存在しています。そもそもこの本の眼目は、建築家によってコントロール不可能なノンスケーラブルものとしてのニューヨークを、ニューヨークのゴーストライターとして様々な資料を駆使しながら徹底的に擁護することにあります。コールハースは例えば次のように言います。「これからは、メトロポリスの敷地上では――すくなくとも理論上では――、予測不能でしかも不安定な組み合わせによる複数の活動の同時進行が当たり前のこととして行われるようになる。これによって建築行為は前よりも未来予測の側面が減って、プランニングもせいぜい限定された未来予想行為でしかなくなる」（141頁）。これをプランニングによって制御しようと目論むのがル・コルビュジエだというわけです。

このようにプランニングの無力を積極的に引き受けようとするコールハースもある意味、ベンヤミンが描き出す「未開人」的な建築家と言えそうです。コールハースは「ビッグネス」ではこんなふうに言っています。「ビッグネスは破壊するが、それが新しい始まりとなる。自ら解体したものを組み立て直すことができるのだ」（「ビッグネス、または大きいことの問題」［１９９４］、『S, M, L, XL＋現代都市をめぐるエッセイ』、太田佳代子・渡辺佐智江訳、２０１６年、58頁）。つまり、「XL」は、「S」「M」「L」とスケールアップ可能な規格を前提としてはおらず、「XL」はスケールの破壊であり、新たな始まりだというわけです。けれどもこの「XL」の生態とはどのようなものなのか？　コールハースの解答はいささか露悪的です。「そこに存在はする。せいぜいのところ、共存する。／だが本当は、まわりの状況（コンテクスト）なんか糞食らえ［fuck context］、と言っている」（53～54頁）。冒頭のリズムの議論に立ち返るなら、これはいかなるリズムなのか？　大都市がポリリズムの場であるのは容易に想像できるわけですが、“fuck context”とはいかなるポリリズムを与えるのでしょうか？　あるいはコールハースは「ビッグネス」にいかなるリズムを聴き取っているのか？

**樽沼**　「もし建築がジャズの到達した点にあるなら、それは信じられない光景を呈するだろう」と書いたル・コルビュジエを、コールハースは読めていないのではないでしょうか。ル・コルビュジエは「ホットジャズ」としてのマンハッタンを、「あらしの雲」のような「まったく別のもの」とみなしていたのですから、ル・コルビュジエはマンハッタンにビッグネスのリズムを聴き取っていたのです。「現代世界は新しい音とともに振動している」（『伽藍が白かったとき』、２９４頁）。この「振動」は旧世界を破壊するのですが、旧世界の伽藍（カテドラル）が白かったときのように、世界の新しい始まりとなる。新世界は建築家による尺度や規格の計算を超過してしまう「まったく別のもの」なのであって、スケーラビリティ（規格不変性）を破綻させてしまう。

　レヴィ＝ストロースもまた１９３５年にブラジルに渡ってから、サンパウロやリオデジャネイロ、アメリカ大陸の大地や海岸、そして１９４１年に訪れたニューヨークやシカゴなど北米の都市も含めた新大陸の「巨大さ」に直面し、旧大陸の尺度や規格とまったく異なるものを発見しました。ここでは、「人間の大きさと物の大きさのあいだの関係が、もはや共通の尺度がなくなるほどに引き伸ばされている」（レヴィ＝ストロース『悲しき熱帯I』［1955］、川田順造訳、中公クラシックス、2001年、122頁）。つまりスケーラビリティ（規格不変性）は適用できない。人間の尺度が同心円的に拡張されて建築があり、建築が拡張されて都市があり、そして都市は大地に位置するというように、円滑に尺度を変えることができないのです。住居と街路の「対立」がヨーロッパ文明の「定数の一つ」だったことにあとで気づいたとレヴィ＝ストロースが述べるのは、アメリカ大陸ではこの「すっかり人間化された風景」がすがたを消し、「人間と原野」の対立が導き入れられているからなのです（135〜136頁）。

コールハースが『S, M, L, XL』（1995）で論じた「ビッグネス」はまた別種の「ビッグネス」でしょう。それは人間の肉体が「新しい音とともに振動している」世界をゆるやかに停止させ、住居と街路の「対立」を解消して「人間と原野」の対立を導入した世界をしずかに蒸発させる「ビッグネス」です。すっきり密閉された人工管理空間のプログラムを嗜好する「ビッグネス」。この「ビッグネス」方式の都市開発は、いまだに覇権を拡張しています。それで儲けている種族がいるからです。この『S, M, L, XL』的な「ビッグネス」が人間の経験と歴史を、社会の論理と倫理を、非人間ふくめた生命と物質を、そしてすべてひっくるめて地球の生命圏を荒廃させ、その原因である「ビッグネス」それ自体も荒廃していく。この世界史的局面に、いまのわれわれは生きている。

この種の「ビッグネス」は、多様なリズムで構成されるポリリズムを停止させるのみならず、異なるリズムが連合して整えられるユーリズムを同型反復のアイソリズムに近接させる。そのプロセスのなかで、リズムがバラバラの不整脈（アリズミア）の病的状態に陥るところが、世界で同時多発的に頻出する。ところが、この種の「ビッグネス」はユーリズムを偽装するのも得意です。ただ、現実としてはアイソリズムで対策しようとするので無理が生じる。

**彦江**　アナ・チンの『マツタケ』にもリズムの問題が

出てきます。例えば、資本主義の導入により荒廃した土地でそれでも生きていこうとする人びとによる、ありあわせのもので遣り繰りする営みを導くものが「気まぐれなサルベージ・リズム」であるとして、これを「進歩という前向きな単一のリズム」と対置しています（200頁）。また別の箇所ではポリリズムにも言及しています。アナ・チンはポリリズムが音楽用語であることを確認しながら、これをプランテーション的モノカルチャーと対比させながら「ほかの種類の農業は多重リズムによって営まれている」（35頁）ことを見ていきます。実際、彼女がかつて調査したインドネシアのボルネオ島では、稲作だけでなく、バナナ、サツマイモ、サトウキビや果樹など実に様々な植物が渾然と栽培されており、人びとはそれらの作物の異なるリズムに耳を傾けなければならない。しかも植物とその花粉を運ぶ昆虫など環境との関係によってリズムはさらに多層化していきます。アナ・チンはこれを「ポリフォニー的アッセンブリッジ」と呼ぶのですが、これを構成する様々なリズムは「汚染」の関係にあるとされます。「汚染」というとネガティブなイメージを喚起しますが、アナ・チンはこれを肯定的なもの（「染め合い」）としても捉え返そうとします。例えばアナ・チンは次のように書いています。「出会うことによって、わたしたちは染められる。出会うことによって、私たち自身は変化する。汚染によって世界制作プロジェクトが変化させられるにつれ、相補いあう世界――あらたな指針――が創発するかもしれない」（44頁）。この汚染の関係は、先のボルネオ島の例からもわかる通り、決して人間的な活動に限定されない自然をも含む多層的なものとして構想されています。

ここにはノンスケーラブルでありながら、コールハースの“fuck context”とは異なるポリリズムがあるとは言えないでしょうか。もちろんコールハースが想定するメガシティにも「染め合い」は観察されるということがあると思います。その一方でノンスケーラブルなものとしての「XL」の特異性を考えるだけでなく、そこにいかなる「染め合い」が観察されるのかを、ある意味コールハースの“fuck context”に抗いながら、見ていかなければならないのかもしれません。またルフェーヴルの『リズム分析』も、アナ・チンが『マツタケ』で示すような方向性と接続することはできないでしょうか。例えば『都市への権利』（1968）などは、明確に工業社会を前提とした議論を展開しており、自然というテーマはほとんど前景化していません。ところが『リズム分析』になると、ルフェーヴルは自然というテーマをそれなりに意識しているように見えます。そこでルフェーヴルのリズム概念、とりわけポリリズムを、アナ・チンが提出する「ポリフォニー的アッセンブリッジ」や「染め合い」と関係させながら再検討するということが可能かもしれません。

**樽沼**　老いていくルフェーヴルが伴侶のカトリーヌ・レギュリエと書いた「リズム分析の計画」（1985）の一節を引きたくなりました。リズム、とりわけポリリズムをあざやかに感じ取るためには、絶え間なく変化する海の波、寄せては返す海の波を注意深く見ればよいというのです。波を運んでくる海洋、浜辺や岸壁などの陸地、そして「季節、潮位、風」などに応じて、「それぞれの海は固有のリズムを持っている」。地中海のリズムは大洋のリズムとは異なるのだと。波は「海岸に近づくにつれて、引き波の衝撃を受ける」し、「たくさんのさざ波を運ぶ」。波はいろいろな方向に動いていて、「小さな震え」も含んでいる。そして、「力強い波は互いにぶつかり合い、波しぶきを立てる。互いに崩れ落ちて潮騒となる。小さなうねりが横断し合い、衝突するというより、飲みこみ合い、互いのなかに消えていくのだ」と（*Rhythmanalysis*, p.88）。ここには幸い海洋汚染の影はありませんが、“fuck context”とは異なる官能的な、魂をかけた「染め合い」としても読める一節だと感じています。

**彦江**　最後にＺＩＮＥに話を戻せば、ＺＩＮＥそのものが都市のリズムや都市のあり方を直ちに変えるということは、さすがにないでしょう。パンクなどの先例があるとはいえ、やはり多くの場合、その影響力はきわめて限定的であるととりあえずは言わなければならないと思います。ＸＳサイズの実践にしても、ＺＩＮＥ以外にも様々な試みがあるはずです。とはいえＺＩＮＥのような実践は、ＸＳスケールではあるけれどスケーラブルではない、しかもアッセンブリッジ的に周りの要素と染め合うような最小回路を掌の中に創り出す試みになりうるのではないでしょうか。ルフェーヴルも「衰退するこの世界やこの社会の「革命的」変容を微小な部分であれ成しとげる」と言っていました。あるいは自分がノンスケーラブルでアッセンブリッジ的染め合いの中に生きていることを認識するために、「わずかばかりのもので遣り繰りすること、そのわずかばかりのものから拵(こしら)えあげる」ささやかな実践にもなりうるとは言えないでしょうか。

## 【後記】現代世界の始まりのマッシュルーム……………榑沼範久

「この戦争の結果として生まれる子供は誰の子でもない皆のびつくりものではないでせうか」
（西田幾多郎、１９４４年12月16日、高坂正顕宛の手紙［『西田幾多郎全集第二十三巻』岩波書店、２００７年、３０３頁］）

それは秘密都市を造るところから始まった。前世紀、第二次世界大戦の最中、アメリカ合衆国でのことだ。本部が置かれていた場所にちなんで、それは「マンハッタン計画」と呼ばれる。現代の科学研究体制の設計図がここにある（Bruce Cameron Reed『マンハッタン計画の科学と歴史』［２０１４］、今野廣一訳、丸善プラネット、２０１８年）。のみならず、「最初の原子爆弾がこの地上で炸裂したとき」に、「政治的な面に関していうと、われわれが今日生きている世界が始まった」（ハンナ・アーレント『活動的生』［１９６０］、森一郎訳、みすず書房、２０１５年、10頁）。さらには政治的な面を超えて、その印が地球に刻まれるような、われわれが今日生きている現代世界が始まった。

総責任者は国防総省本庁舎(ペンタゴン)の建設も指揮した陸軍軍人Ｌ・Ｒ・グローヴズ、軍産学連携の推進者はＮＤＲＣ（国防研究委員会）議長で、ＮＤＲＣを統括するＯＳＲＤ（科学研究開発局）長官になったコンピュータ技術者・管理者Ｖ・ブッシュ。まずは現地の農地や住居を強制的に排除して、テネシー州オークリッジに巨大なウラン濃縮工場が建造された。「自由」と「民主主義」を掲げる国家のなかに、ウラン濃縮工場を核とする秘密都市が形成された。

続いてグローヴズは、OSRD科学部門の統括者に原子核物理学者R・オッペンハイマーを選出する。二人は原子爆弾の開発と製造にミッションを限定した研究所の場所を、秘密保持に適したニューメキシコ州ロスアラモスに集約させた。E・フェルミ、I・I・ラービ、E・ローレンス、J・V・ノイマン、H・ベーテ、E・テラー、L・シラード、R・P・ファインマンなど超優秀な物理学者たちが（合衆国独裁を怖れ、ソビエト連邦に情報を流していたK・フックス含め）集結した。研究所内に「自由」の気風はあったが、この研究所を核とする町は強制収容所のように有刺鉄線で囲まれていた。

プルトニウム精製は、E・フェルミとともに世界初の原子炉を製造したA・コンプトンが主導した。ウラン廃棄物の再処理によってプルトニウムを精製する原子炉は、ワシントン州リッチランドの近く、コロンビア川とスネーク川とヤキマ川が合流するハートフォード・サイトに置かれた。現在でも除染作業を必要とするこの放射性廃棄物汚染地域は、川の名が歴史の残照を示すように、かつては先住民の部族たちが集る場所だった（そしてワシントン州や南隣のオレゴン州は、マツタケの産地でもある）。

量子化学者の藤永茂は、1938年にベルリンでウランの核分裂を発見したL・マイトナー、F・シュトラスマン、O・ハーンの「小さな木製の実験台」と、オークリッジのウラン濃縮工場の写真を対比させながらこう指摘した。「実は、量子力学も相対性理論もあまり必要ではなかった」。原子爆弾を「生み出した真の力の正体」は物理学者を含む多数の科学者・技術者を機密の目的に集結させ、原子爆弾を開発・製造するために「巨費を投じて建設した巨大施設」を可能にしてしまうものではなかったか（藤永茂『ロバート・オッペンハイマー　愚者としての科学者』、朝日選書、1996年、111頁）。

無数の技術的困難や人間関係のもつれを解きほぐし、1945年7月16日の午前5時29分45秒、プルトニウム原子爆弾がニューメキシコ州ソコロから35マイル離れたJornada del Muerto砂漠のある地点（33°40′38″N 106°28′31″W）で炸裂した。規格化の果てに解放されてしまった超ビッグネス。「三位一体（トリニティ）実験」爆発０・０１６秒後の写真は、肉眼には不可視の、新種の宇宙クラゲかマッシュルームが地上に誕生した瞬間のようだ。８月６日の午前８時15分にはウラン原子爆弾「Little Boy」が広島に、８月９日にはプルトニウム原子爆弾「Fat Man」が長崎に投下された。「実験」は「密閉された隔離状態から歴史的現実の次元に侵入」するのみならず、それを超えて「歴史的世界がその侵入の瞬間に壊れてしまう」のだ（ギュンター・アンダース『時代おくれの人間（上）――第二次産業革命時代における人間の魂』［１９８８］、青木隆嘉訳、法政大学出版局、１９９４年、２７５頁）。

われわれはスケールの問題を定義しなおす必要がある。空間の規模としても時間の長さとしても、Ｓの「実験」行為、そしてＸＸＳの原子核分裂が特異点（シンギュラリティ）となって、Ｓ、Ｍ、Ｌ、ＸＬ、ＸＸＬの事物・生命・人間・集団・都市・環境等を破壊し汚染するのだから。そして放射性廃棄物汚染は、空間的にも時間的にも、ひとりの人間、ひとつの世代、ひとつの国家のスケールを超えて、地球の生活圏・生命圏に容易に消し難い痕跡を残してしまう。太陽で生起する現象を「人工的に地球上に現出せしめ」（下村寅太郎「原子力」、『新倫理講座Ｖ　世界と国家』創文社、１９５２年、１６３頁）、「宇宙にしか生じていないエネルギーや力を、この地上で、かつ日々の人間的生活のなかで操作する」（ハンナ・アーレント『活動的生』［１９６０］、森一郎訳、みすず書房、２０１５年、１７８頁）ねじれ。ＸＸＳやＸＳがＳ、Ｍ、Ｌ、ＸＬ、ＸＸＬに直接接続してショートする。原子新世（the Atomcene）。

だからこそ逆に、この現代世界ではＸＸＳやＸＳの活動がＳ、Ｍ、Ｌ、ＸＬ、ＸＸＬを染めかえすことも原理上、可能なのだ。小さなものが大きなものにいつまでも包囲されるような、同心円のモデルで考える必要はもはやない。

“Woh, have no fear for atomic energy/ 'Cause none of them-a can-a stop-a the time”

(Bob Marley, “Redemption Song,” Bob Marley & The Wailers, *Uprising*, 1980)

# 祝祭都市の政治
## ——1968 年 5 月の精神

【提起】 斉藤日出治「祝祭都市を問いなおす」

【対談】 斉藤日出治 + ファビアン・カルパントラ

【後記】 ファビアン・カルパントラ
「日本の 68 年革命と祝祭都市の政治」

「68 年 5 月 長引く闘いの始まり」
(パリ国立高等美術学校の貼紙、1968)

## 【提起】祝祭都市を問いなおす……………………………斉藤日出治

都市はなぜ祝祭を催すのか。２０２０年の東京オリンピックに際して皇居前広場で「祝祭都市東京」の祭典が企画されていた。この類いの祝祭を企画するのは、日本政府と東京都の行政官僚、都市計画家、建築家などであり、金融業やゼネコンやデベロッパーといった巨大資本である。それは、東京圏に住まうひとびとがみずからの協同性を表現するという意味での祝祭とは正反対のものである。現代都市の祝祭は、テーマパーク、オリンピック、万国博覧会などの一大スペクタクルとして、資本と国家によって組織され演出されている。

１９６８年5月にパリから自然発生的に拡がった都市の祝祭はそうではなかった。それは政府の都市計画や企業の投資活動によって機能的・合理的に組織された都市空間に対して、学生・労働者らがみずからの協同の生活欲求にもとづいて異議を申し立てた民衆の叛乱であった。それは、資本と国家がうちたてた社会組織のありかた（文法規則）に対する都市民衆の拒絶の意思表示であった。だから、この叛乱は「パロール（発話行為）の革命」（ミシェル・ド・セルトー『パロールの奪取』［１９６８］、佐藤和生訳、法政大学出版局、１９９８年、9頁）、あるいは、「言葉の熱狂」、「語り（パロール）の爆発」（アンリ・ルフェーヴル『「五月革命」論』［１９６８］、森本和夫訳、筑摩書房、１９６９年、１４５頁）と呼ばれた。都市の民衆は、他者が差し出すレジャーやスペクタクルとしての祝祭を拒否したのだった。

住民自身がみずからの協同性を表現する祝祭の営みは、人類の長い歴史において、農村共同体にも、古代・中世都市にも、見られた。そこでは、舞踏、仮装行列、乱痴気騒ぎによって自然と交歓し、協同性のエネルギーを爆発させる祝祭が社会組織の原理として内包されていた。この祝祭をうち砕いて、もっぱら商品・貨幣・資本の交換価値にもとづいて都市を組織してきたのが、近代の産業都市である。

近代都市を組織したのは「工業化」（アンリ・ルフェーヴル『都市への権利』〔１９６８〕、森本和夫訳、筑摩叢書、１９６９年、7頁／ちくま学芸文庫、２０１１年、９頁）の過程であった。「工業化」は、農村共同体、古代・中世都市において祝祭を通してはぐくまれたひとびとの社会的なきずなを暴力的に解体する。協同性を奪われ無産者となったひとびとは、都市に流れ込んで、賃金労働者になり、産業の生産活動に従事する。だから近代都市は、社会的なきずなを断ち切られた無産者が商品・貨幣・資本という物象によってたがいに関係する集合体として組織される。

だがこの「工業化」の過程は、同時に、新しい「都市的なるもの」（ルフェーヴル、同前）を創造する契機となる。そこには、見知らぬ他者が偶然に出会い、そこに未知の協同性を創造する可能性がはらまれる。交換価値を媒介とした社会関係を超えて、協同生活、享楽、文化、そして知的で情緒的な相互行為の関係がそこに生まれてくる。

だが、この新たな協同性は、交換価値を原理とする産業都市の編成においては余剰であり冗漫であり、さらには交換価値の社会秩序を揺るがす危険なものとして抑圧される。産業都市において抑圧されたこの協同性を都市住民が奪還しようとした都市の革命、それが１９６８年5月の叛乱であった。

ところが、その後、この五月革命の精神は、資本主義の新しい精神のうちに回収されていく。都市の協同性、都市住民のネットワーク性・創造性・自発性が、経済成長やビジネスのための原動力として、「工業化」のために称揚され、推奨されるようになる。最先端の情報通信技術や芸術・文化・知識の集積を基盤にした「創造都市」では、これらの都市の協同性を産業のインフラとする新しい投資活動が推進される。

こうして、五月革命の精神は、都市住民の思考と行動を誘導する文法規則に異議を申し立てた叛乱としての政治的性格を奪われ、資本によって組織される協同性へと変換される。五月革命が内包していた精神は、この変換によって骨抜きにされる。

たがいに近接して暮らしていながら現実的に出会うことのない住民が孤独に暮らす都市で、幻想の共同性がスペクタクルとして住民に差し出される。だから、パリの五月の精神の忘却と抹殺、都市の祝祭のスペクタクル化、この両者は手を携えて進む。こうして、五月革命を文化革命として賛美しつつ追想する歴史記憶は、都市の祝祭のスペクタクル化の完成に寄与する。

こんにちのグローバル化する世界都市が見失ったもの、それは見知らぬ他者と出会う権利であり、その出会いを共同で組織する政治である。出会いの可能性が無限に開かれているにもかかわらず、その出会いが禁じられ、さらには犯罪として取り締まられる、そこにグローバル都市の最大の矛盾がある。

都市は膨張を続け1000万人都市が地球上にいくつも生まれているが、その都市でひとびとは身を寄せ合って暮らしながら、もはや出会うことがない。富裕層はセンサーと防犯ベルと警護員に囲まれた閉鎖空間（ゲーテッド・コミュニティ）に閉じこもり、他方で、貧困層は荒廃したスラム街に放置される。地球がさながら「スラムの惑星」（マイク・デイヴィス『スラムの惑星――都市貧困のグローバル化』［2006］、酒井隆史監修、篠原雅武・丸山里美訳、明石書店、2010年）と化した世界で、わたしたちは、「出会いの政治」（アンディ・メリフィールド「都市への権利とその彼方――ルフェーヴルの再概念化に関するノート」［2011］、小谷真千代・原口剛訳、『空間・社会・地理思想』21号、2018年、111頁）にもとづく都市の祝祭をいかにわがものとするかが、今こそ問われている。

# 【対談】祝祭都市の政治――1968年5月の精神……………斉藤日出治＋ファビアン・カルパントラ

## ◆祝祭都市とは？◆

**カルパントラ**　先生が今回提示した問題点にいくつかの重要な概念があると思うんですけれども、その1つは祝祭都市という概念なんですね。今日は68年革命についていろいろ議論したいと思うんですけれども、祝祭都市という概念は、やはり反乱や68年と結び付く概念なわけですよね。ところが、先生のおっしゃる通り、今年の東京オリンピックに「祝祭都市東京」という祭典が企画されていました。本質的にはまったく違うものなんですけれども、使われている言葉は一緒なわけなので、混乱しちゃいます。『革命的な、あまりに革命的な』という本の中で、絓秀実は70年大阪国際万博を「六八年への「総括」的反革命」として位置付けていますが、その指摘はスペクタクルとしての祝祭都市の本質を正確に捉えていると思います（絓秀実『革命的な、あまりに革命的な——「1968年の革命」史論』、作品社、2003年、67頁）。

**斉藤**　祝祭都市っていうと、私たちが今生きている時代においては、スペクタクルとしての祝祭という要素が非常に強いですね。つまり、都市に住む居住者自身ではなく、資本とか国家という居住者にとっての他者（行政官僚、都市計画家、開発業者、建築家など）が構想・企画して都市住民に差し出す壮大な見世物です。オリンピックとか万博とかテーマパークがその典型例です。

そして、そういうスペクタクルが日常化されたものがショッピングモールです。日常生活の身の回りのものがすべて商品として都市住民に差し出される。日常生活がすべて商品化したという問題は、すでに20世紀の初頭にベンヤミン（『パサージュ論』、今村仁司ほか訳、岩波現代文庫、2003年）が見ていたことだと思うんですけれども、そういうかたちで祝祭が、私たちの前に日常的にも差し出される。その典型例が今度のオリンピックに絡めた祝祭都市東京構想でした。

**カルパントラ**　オリンピックとかそういう大きなイベントだけではなくて、日常生活のレベルでもショッピングモールとか、商品の祝祭、この言葉はベンヤミンの言葉なんですか。

**斉藤**　ベンヤミンは『パサージュ論』（第1巻「G　博覧会、広告、グランヴィル」）で万国博覧会と広告を並べて論じ、両者がともに世界のあらゆる地域の先端技術や商品を並べたて、ひとびとの欲望をそそる場となっていることに着目しています。万国博覧会という仕切られた空間における商品のスペクタクルが日常生活空間を覆い尽くしたものが広告であり、デパートであり、スーパーマーケットであり、そしてその極限的なすがたがショッピングモールとしてこんにち出現しているのです。

商品とは、ものの具体的な有用性が抽象化され価格という記号に変換された神秘的な物です。日常生活が商品という記号によって満たされる、ということは、同時に、わたしたちの思考や身体も抽象化され、記号によって満たされることを意味します。祝祭都市は、そのような日常生活の抽象化、記号化を集大成し、都市の住民に抽象的な共同性を差し出すことによって、都市住民の身体経験にもとづく具体的な共同性を遠ざけ、破壊します。

**カルパントラ**　スペクタクルとしてのオリンピックや万国博覧会が都市住民の真の意味での共同性を妨げ、破壊するという意味はわかりますが、ショッピングモールもまた日常生活の身の回りのものを抽象化する「スペクタクル」として捉えるべきだという点はいまいちピンと来ません。ショッピングモールというのは確かに商品の抽象化、交換価値の極限的な形と言えますが、一見、スペクタクルのようには見えません。

**斉藤**　そうですね。アメリカの政治学者のベンジャミン・バーバーが『ジハード対マックワールド──市民社会の夢は終ったのか』(［１９９５］、鈴木主税訳、三田出版会、１９９７年）でこの問題をわかりやすく論じています。「マックワールド」というのは、マクドナルドの世界という意味です。世界各地の多様な食生活がすべてマクドナルドという単一の食品によって支配され、ファーストフードに一元化されるような世界のことを「マックワールド」と言います。グローバル化の動きがまさにそうですね。

この「マックワールド」こそ、日常生活がスペクタクル化された世界です。バーバーは、テーマパークのような特定空間のイベントが日常空間となったもの、それがショッピングモールだと言います。ショッピングモールは、たんに商店が巨大化しただけのものではなく、商店と社会との関係をひっくり返します。かつての商店は、地域のなかで学校や公園や図書館や役場などの公共施設と併存し、そのなかに点在していました。商店は公共空間に包まれ公共空間の担い手だったのです。ところが、ショッピングモールは、地域の公共施設や住民の暮らしを丸ごと商店のなかにふくみこんでしまう。つまり、私的な空間のなかに公共空間がすっぽり飲み込まれる。それは日常生活が商品によって埋め尽くされることであり、都市住民同士の関係がすべて売ったり買ったりする商品取引関係に解消されることを意味します。日本ではコンビニが地域の消費生活や共同生活を丸ごとのみこんでいますね。祝祭都市は、そのような「マックワールド」の完成されたすがただと言えるのではないでしょうか。

**カルパントラ**　なるほど、公共空間が私的な空間のなかに飲み込まれてしまうという意味での「スペクタクル」なんですね。テーマパークは確かに、例えばディズニーランドなんかは、鉄道や広場という公共空間をやたら模倣したりしますけれども、そこにあるのは巨大資本によって組織化された「偽」の公共空間でしかありませんね。家族や友達と行くんですけれども、見知らぬ人と交流したり集まったりすることはほとんどありません。ショッピングモールも、これまでの都市の歴史のなかで重要な役割を果たしてきた商店を私的な空間に組み込んでいるという意味ではスペクタクルなのですね。ショッピングモールという施設が普及するのは60年代、70年代辺りですね。ちょうど68年と重なる部分があります。ショッピングモールは68年への「反革命」として出現したわけではないかもしれませんが、関係はありそうですね。72年に『万事快調』というゴダールの映画が公開されますけれども、ゴダールがちょうどマオイズムに傾斜している時期――ジャン＝ピエール・ゴランという相棒とともに――に作った映画ですが、ラストに、ショッピングモールでのシーンがありますよね。ゴダールはそのショッピングモールを本当にエキゾチックなもの、本当に見慣れていないもの、今だったらごく一般的な風景なんだけれども、あの映画の中ではすごく不思議な存在として映ってしまいますよね。

**斉藤**　都市の日常生活にとって異物であり異様なものであったショッピングモールが日常生活を飲み込んで、やがて都市住民にとって自然で快適な空間へと変貌する。それとともに、商品のスペクタクルが日常生活に浸透し、都市住民の協同性が商品の価値という協同性に置き換えられ、商品の祝祭として都市住民に提示される。この置き換えは、同時に都市に居住するひとびとがたがいのつながりを失い、孤独で敵対する群衆になっていく過程でもあります。都市の日常生活の祝祭化の裏で、単身者やひきこもりや孤独死や自殺が増えていく。都市住民の分断化・孤独化の深化とスペクタクルとしての祝祭の強化は、背中合わせの関係です。

**カルパントラ**　そうしたスペクタクルを否定しようとしたのが68年なんですよね。

**斉藤**　そうです。１９６８年5月のパリの都市民衆の叛乱が祝祭と呼ばれるのは、都市の民衆がそのようなスペクタクルの日常化を拒否して、自分たちの暮らしを奪還しようとする意思表示だったからです。ですから、この叛乱は政治闘争や経済闘争から始まったのではなく、〈日常生活を変えよう〉というスローガンを掲げておこなわれた文化闘争として展開されました。それは都市住民が日常、無自覚にしたがっている自分の身の振る舞い方やものの考え方を問い直す文化革命という性格をはらんでいたのです。5月の叛乱の発端となったのは、パリ大学のナンテール分校で男子学生が深夜に女子寮を訪問する権利を認めよ、という要求からでした。それはフランス共産党やフランス社会党のような既成政党、フランス労働総同盟のような既成の労働組合、さらにはラディカルな新左翼諸党派、といったものの指導なしに、都市民衆が自然発生的に起こした叛乱で、この叛乱が労働者のゼネストを呼び起こし、全国各地に波及しました。

この叛乱は、当時、言語の革命として語られました。ミシェル・ド・セルトーは「パロールの奪取」と言います。われわれの社会は言語活動の特定の契約に基礎を置いており、その契約に対してわれわれは無言の同意を与えている。その暗黙の契約を引きずり出してその契約を破棄し変更する。みずからが無意識に暗黙のうちにしたがっている言語規範を拒否して、都市の民衆がみずからの言語表現を奪還し新たに創造する。これが五月の叛乱であった、というのがセルトーの主張です。

## ◈文化革命の政治的性格◈

**カルパントラ**　これ、すごく分かりますけれども、いくつかの問題点が含まれていると思います。ミシェル・ド・セルトーは確かにパロールを奪取したという意味において68年を評価はしますが、同時に、パロールのレベルを超えることができなかった——既存の政治体制を解体するチャンスが訪れていたのにも関わらずその決定的な段階にまでいたらなかった——という意味で五月の反乱を批判します。68年というきわめて多様的なムーヴメントの中に、権力掌握を目指していた集団や思想は確かにありましたが、しかしそれは反乱の主な原動力ではなかったと僕は思います。例えば『論理的反乱』（*Les Révoltes logiques*）という雑誌がジャック・ランシエールを含めた68年の元アクティヴィストたちによって70年代後半に発行されますが、その中でフーコーやド・セルトーが想定しているような権力論が批判されます。従来の権力論は権力を常にすでに存在するものとして捉えているという意味で、その存在を「絶対化」する——つまりそれを打倒不可能なものと仮定する——という批判です（Pouvoirs et stratégies avec Michel Foucault, *Les Révoltes logiques*, 1977, n°4, p.94）。68年が既存のありとあらゆるカテゴリー——政党／大衆、組合／労働者、先生／生徒——を一瞬にして認めなくなった点に真に政治的な意味を持っていたのではないだろうか。

また、パロールに重点を置いてしまいますと、68年という革命をより軽い社会や文化現象——性の解放、若者の反抗など——に置き換えてしまう危険性があります。68年に文化的な要素は確かにありましたが、のちになって、80年代、90年代や２０００年代などにおいて作られた68年革命を題材にした映画や小説をみていますと、文化的な側面が誇張、強調されていることがわかります。政治的な側面はその中から完全に排除されているのです。例えばオリヴィエ・アサヤスの『五月の後』（２０１２年）という映画がありますけれども、性の解放だとか、話し方、身のこなし方の自由化とか、解放みたいなところを、非常に美しく描いてはいるんだけれども、その政治的な側面にはまったく触れていないです。

**斉藤**　言語の革命というのは、直接には日常生活における文化の変革というかたちをとりますが、その文化の変革は、国家から経済にいたるまでの社会の総体の変革を内包しています。日常生活の意思決定を他者に任せず自己決定することが、政治と経済の総過程に対する自己決定につながる。ですから、日常の文化革命は社会の総過程の自己管理という政治的性格を内包するものでした。

ところが、その文化革命がはらむ政治革命・社会革命としての性格が骨抜きにされ、日常生活の文化革命の表象だけが取り出されて、文化革命がいわば商品化される。性の解放、ファッションの自由、消費の自由、自己表現と自己決定が、市場取引のなかに吸収されていく。50年後のこんにち、五月の叛乱は、そのような政治的性格を換骨奪胎された文化革命として追憶されています。しかしこれはスペクタクルとしての祝祭のうちにいわば奪回された五月革命像であり、五月をそのように追憶し表象することそれ自体が、こんにちのスペクタクルとしての祝祭都市を再生産し強化するという政治的性格をはらんでいると言えるのではないでしょうか。

**カルパントラ**　それはすごく重要なことであって、難しいのが、68年に参加していた多くの方々、例えばダニエル・コーン＝ベンディットとかの話を聞いていると、文化的な側面を強調してしまうことです、（一部の）当事者でさえ。80年代に、あるテレビ番組において、生硬な新左翼用語を使っている当時の自分の映像を見せられたコーン＝ベンディットは当時の言葉遣いの政治的性格と距離を取ろうとして、68年を象徴する一つのスローガンでもある「敷石の下は砂浜だ」（Sous les pavés, la page）に因んで「敷石の下に欲望」（Sous les pavés, le désir）という新たなスローガンを作り上げてしまいます。つまり、当時のアクティヴィストや参加者たちのマルクス主義に満ちた言葉遣いとは反対に、68年が求めていたのは政治革命ではなく個の欲望の解放だったんだと言わんばかりです。それは当時運動に参加していた人たちの一部の事後的に作られた言説です。だからミシェル・ド・セルトーの言っていることは正しいんだけれどもと同時に、こうした言い方は、ダニエル・コーン＝ベンディットのような発言を擁護してしまう、逆効果を生み出してしまうこともありますよね。68年を現在から振り返るときに、すごく難しいんですよね、一部の元参加者の記憶や言説をそのまま当てにしてしまうと出来事の本質から逸れるどころか、それを隠蔽してしまうことにつながりかねません。日本では、主にコーン＝ベンディットのようなアクティヴィストたちの「非政治的」な記憶や回想に頼りながら日本の68年を記述しようとした小熊英二の『１９６８』がありますが、同様の役割を果たしているといえます（小熊英二『１９６８〈上〉若者たちの叛乱とその背景』、新曜社、２００９年）。

**斉藤**　そうですね。たしかに難しいと思います。でも、逆に言うと、今日の新自由主義的資本主義と呼ばれるものが、五月の叛乱がはらむ文化革命の政治的性格を変容させ転移させて、文化革命の表層だけを取り込んで、それをエネルギーにして存立しているということがわかります。文化革命にはらまれた政治的性格は、21世紀のこんにちにおいてもなお、新自由主義的資本主義を根底から批判する座標軸を提示しているとも言えるように思うのです。

**カルパントラ**　クリスティン・ロスも言っていますね。読まれましたか、クリスティン・ロスの『68年5月とその後——反乱の記憶・表象・現在』（［２００２］、箱田徹訳、航思社、２０１４年）？　その中で彼女も言っていますね、その出来事が終わったあとに学生が、若い世代が反乱を起こしてしまった、彼らは若気のいたりみたいな、若さ故にああいうことをしてしまったんですよという。

でも、よく見てみると学生だけではなく労働者ももちろん、ゼネストにもなったわけだし。しかも学生であることをある日突然やめたんですよね、彼らはね。ルフェーヴルも言ってますよね。社会的な役割は最初から決められていて、その役割からはみ出してしまう、区切りを彼らは取っ払ったところに、その五月革命の政治的な意味があると言っていますよね。

**斉藤**　学生とか労働者といった既定の社会的存在を拒否して、新しい言語表現や身の振る舞い方を獲得することによってみずからを新たな社会的存在として生成させる、新しい集団的主体を創造する、そこに五月の文化革命がはらむ政治的性格を読み取ることができるように思います。

## ◆「都市的なるもの」の領域◆

**斉藤**　祝祭都市の話にもどりますが、スペクタクルとしての祝祭というのは、近代都市につきものの性格です。ではなぜ、近代都市は、五月にパリで発生したような祝祭を抑圧しスペクタクルとしての祝祭を組織するのでしょうか。この課題を「工業化」と「都市的なるもの」あるいは「都市社会」（『都市への権利』、２１０頁）という概念によって読み解いたのが、アンリ・ルフェーヴルでした。

近代社会に先立つ農村共同体、および古代・中世の都市では、住民の生活の協同の表現としての祝祭は、社会を維持するための不可欠のモメントでした。農村でも、都市でも、住民は、舞踏やパレードや乱痴気騒ぎのような祝祭を通してみずからの共同性を確証し自然との交歓をおこないました。そこでは、資本とか国家という他者による社会の組織化ではなく、ひとびとの暮らしに根ざした社会の組織化が行われていました。

このような社会の組織化を解体したのが、ルフェーヴルの言う「工業化」です。「工業化」とは、交換価値が支配的になり、商品・貨幣・資本という物象による社会の組織化が進展していく過程です。通常、この過程は市場取引が発展していく過程ですから、平和的なイメージが伴いますが、ルフェーヴルはこの「工業化」の過程が、伝統的な農村や都市の社会諸関係を破壊する暴力を発動したことに注目します。ルフェーヴルは「工業化による都市の襲撃」（『都市への権利』、23頁）とか、「工業化は都市の網の目に襲いかかる」（同、15頁）と言います。「都市の網の目」というのは、古代・中世都市において、建築物、町並み、景観、そして都市住民の身ぶりが色彩・音響・舞踊などを介してひとつの有機的全体をなし、その全体が壮大な芸術作品となった都市のありようを表現するものです。この芸術作品としての都市を解体して、都市空間が交通信号のような、刺激に一義的に反応するだけの自動制御の機械装置のようになる、これが「工業化」がもたらした産業都市のすがたです。

この過程で、都市住民が生きられる経験を通して生み出した芸術作品としての全体性が解体され、都市住民が分断され分子化されていきます。そのようにして工業化の過程とともに出現した近代都市では、その分子化された諸個人を社会につなぎ止めるために、資本と国家のような他者がスペクタクルとしての祝祭を住民に差し出すのです。

ところが、ルフェーヴルは、この「工業化」の過程が、「工業化」を超える問題圏を誘導する、と言います。それが「都市的なるもの」の領域です。見知らぬひとびとが都市に集合し偶然の出会いを通して同じ生活空間を共有する過程で、さまざまな問題に直面しそれに対処するようになる。教育・医療・交通・衛生のような都市における共同生活の諸問題にどのように対処するか、都市の文化やメディアをどう組織するか、歴史的遺跡の保存や都市景観といった問題にどう取り組むか、という課題が発生してきます。これは工業化の過程を合理的に組織するのとは異なる問題圏ですが、この問題圏のほうが工業化の問題圏よりも重要な課題になってきます。

**カルパントラ**　ルフェーヴルの工業化という概念と、都市化という概念は必ずしも重なるわけではないですが、ではまず工業化があって、人々の共同的関係が暴力的に破壊されるわけじゃないですか。その次の段階に都市っていうものが生まれて、生まれるっていうか、近代都市っていうものが生まれて、その中で、人が都市に集まるわけじゃないですか。そこで共同的関係を持ったり共同体ができたりするわけじゃないですか。でもそれをもさらに破壊していくっていう。

**斉藤**　ええ。ルフェーヴルが「工業化」が「都市的なるもの」を呼び起こす、といっているのはまさにその問題です。「工業化」は産業社会を合理的に組織する、つまり市場取引の仕組みを合理的に組織する、だけにとどまらない問題を発生させます。都市で共同生活を営むひとびとが、環境破壊とか、都市の過密化とか、郊外の膨張や都心部の荒廃、といった問題に直面し協同でこれらの諸問題に取り組む必要に迫られる。この取り組みは、工業化を超える新しいタイプの実践ですから、ルフェーヴルは「工業的実践」（『都市革命』［1970］、今井成美訳、晶文社、1974年、75頁）と区別して、それを「都市的実践」（同、13頁）と呼びます。

しかし、この「都市的合理性」（同、92頁）を組織する過程で、工業化を担ってきた資本と国家がこの「都市的実践」にも介入するようになる。そうすると、「都市的合理性」は「工業的合理性」（同、157頁）に引き戻されます。都市住民の共同生活が資本の投資活動の契機とされ、住民のコミュニティが破壊されていく。

つまり、「都市的なるもの」の領域とは、都市の共同生活をどのように組織するかをめぐる資本・国家・都市住民のヘゲモニー闘争が繰り広げられる政治的領域と言ってもよいかと思います。

## ◆マルクスの市民社会論とルフェーヴルの都市社会論◆

**斉藤**　ルフェーヴルは、「工業化」が「都市的なるもの」を呼び起こす、ということをマルクスは理解しなかった、と批判します。マルクスは『資本論』でルフェーヴルが言う「工業化」の分析はしたけれども、その「工業化」が呼び起こす「都市的なるもの」について関心を抱かなかった、と言うことだと思います。けれども、マルクスの市民社会概念は、じつはルフェーヴルの「都市的なるもの」を理解する重要な鍵であると、わたしは考えます。

マルクスには市民社会についての二重の把握があります。この市民社会の二重の把握について、わたしは平田清明『市民社会とレギュラシオン』（岩波書店、1993年）から多くを学びました。

ひとつは、〈ブルジョア社会〉と呼ばれるもので、それは、商品・貨幣・資本という市民的交通様式とその交通様式が組織する生産諸力の総体からなる社会です。マルクスはこのブルジョア社会を『資本論』で究明しました。

しかしマルクスには、このブルジョア社会を超えるもうひとつのより広義の市民社会概念があります。物質的土台としての経済社会も、政治的上部構造としての政治社会も、ともに包み込む概念としての市民社会がそれです。

ブルジョア社会とは、私的所有を原理として組織される社会であり、したがって、それは私的な利害対立、階級的な利害対立が錯綜し紛争が渦巻く世界です。その私的所有の運動は、それらの利害対立を制御調整する無数の協同的・公共的関係を生み出します。経営者団体、労働組合、各種の協同組合、さらには経済次元を超えた学校、教会、報道機関、各種の市民団体や政治的結社や政党を生み出します。そしてその協同的・公共的関係の総括体として社会の上部に君臨する政治的国家を生み出します。市民社会とは、その意味で、経済的土台と政治的上部構造を仲介し両者を制御調整する総過程的媒介としての政治だ、と言うことができます。それは、私的諸個人、諸集団、諸階級が社会の組織化をめぐる知的・道徳的な指導性を争う社会闘争の領域にほかなりません。

ルフェーヴルが「都市的なるもの」と呼ぶものは、マルクスのこの広義の市民社会の概念に該当する、というのがわたしの理解です。「都市的なるもの」は、都市住民が都市社会の組織化をめぐって争うヘゲモニー闘争の領域で、この領域の組織のされかたが「工業化」のありかたにもはねかえります。

**カルパントラ**　そうですね。『資本主義の存続』（原題：*La survie du capitalisme*, Anthropos, 1973、未訳）という本の中でルフェーヴルは市民社会とブルジョア社会について論じているんですけれども、ルフェーヴルが書いている60年代、70年代っていうのはもはや、労働者階級の問題ももちろんあるんだけれども、と同時に女性問題だとか、移民の問題だとか、いわゆるマイノリティー問題っていうのが出始めるころでもあります。ルフェーヴルはその変化についてやはり敏感なんですね。先ほど先生がおっしゃった『都市への権利』という本の土台ともなっている「都市への権利」という論文が書かれたのは１９６７年ですが、これは『資本論』の刊行百年記念に際して書かれたものです。ところが、ルフェーヴルは既存左翼——特にフランス共産党の——の階級認識、つまり労働者を都市とは無関係な、専ら工場に規定されている一枚岩の存在として捉える認識を、「都市社会」という概念を提示することによって攻撃するのです。『資本主義の存続』の中でもルフェーヴルは労働者階級に対して本質的な、なんて言うのかな、本質性を認めないんですよね。労働者階級は必然的に社会主義革命の側に回るわけではないですよ、と注意を促します。都市社会の組織化をめぐって争うヘゲモニー闘争の過程において様々な矛盾と対立関係が生じるわけですが、労働者階級は必ずしも抑圧される側につくわけではないです。グラムシではないですけれども、グラムシのヘゲモニー闘争論を明らかに連想させる部分があります。

**斉藤**　労働者階級をブルジョア社会における経済的規定によってのみとらえるのではなく，広義の市民社会においても考えてみる必要があると思います。そうすると、労働者階級は、賃金労働という経済的な規定だけでなく，人種、ジェンダー、民族、宗教、地域といったさまざまな社会的規定とクロスします。白人労働者による黒人に対する人種差別、あるいは男性労働者と女性労働者の賃金格差を考えただけでも、労働者階級が一枚岩でアプリオリに解放の主体であるとは言えません。

たとえば、ルフェーヴルは『「五月革命」論』で「新しいプロレタリアート」は「公団住宅のなか、新しい都会や都市や地域のなかに」（118頁）いる、と言っています。ルフェーヴルにとって、都市生活のあらゆる領域で居住や消費や文化などの社会的欲求を他者に奪われている都市住民こそが「新しいプロレタリアート」なんです。労働だけでなくさまざまな社会的欲求を疎外されている都市住民がそれらの社会的欲求をみずからの権利として主張するとき、都市住民が解放を担うプロレタリアートとして立ちあらわれる、と言っているのです。

ルフェーヴルは、プロレタリアートを、「都市的なもの」の領域において立ちあらわれてくる、「工業化」の論理を超えた、新たな政治的・社会的・文化的な集団的主体のうちに読みとろうとしたのではないでしょうか。

## ◆「絶対的政治」の発見◆

**斉藤**　5月の叛乱は、「工業的理性」に拘束された「都市社会」をその拘束から解き放とうとする叛乱であり、したがって「都市的なるもの」の領域で民衆が「都市への権利」を行使する闘いであった、というのがルフェーヴルの考えでした。そして、その闘争を理解するのにキーコンセプトとなるのが、「絶対的政治」（『「五月革命」論』、75頁）という概念です。この表現は、『「五月革命」論』でも、五月革命後に書かれた『資本主義の存続』でも、頻繁に登場します。

**カルパントラ**　頻繁に登場します、この言葉。

**斉藤**　政治というと、経済と切り離された議会制民主主義や行政を思い浮かべます。そして五月革命も、政治的国家に対する叛乱であるかのようにとらえられます。ドゴール大統領がつくりあげた第二次大戦後のフランスの強力な中央集権的国家に対する叛乱だと。しかし、ルフェーヴルはその国家が「社会全体の深みのなかに潜入する」（『「五月革命」論』、49頁）と言います。国家は政治的上部構造だけでなく経済的土台にも介入し、経済領域を政治的管理の対象とします。つまり、ここで問われているのは、せまい意味での国家を超えて、経済と政治、物質的土台と上部構造の双方を橋渡しするようにして強力に介入する政治が問われているのです。ルフェーヴルはそれを「絶対的政治」と名づけました。じつは、それこそが、マルクスがブルジョア社会と区別して広義の市民社会においてとらえていた政治概念なのです。

ルフェーヴルはこの「絶対的政治」の出現を「幽霊の出現」（同、114頁）と言います。議会制民主主義の政治は目に見えるけれど、上部構造と土台を架橋する政治は目に見えない。にもかかわらず、この政治が都市民衆の日常生活に強力に貫かれる。この領域は、都市民衆にとっては、みずからの意思が及ばない空白状態になる。しかし、その空白状態に潜む幽霊がひとびとの思考と行動に深く潜入する。

ルフェーヴルは、国家についても、代議制民主主義の機構や軍隊・警察のような暴力装置としてではなく、市民社会の社会諸関係を巻き込みながら作用する政治的な力としてとらえていますが、それこそ「絶対的政治」としての国家だと言えます。

5月の叛乱は、この「絶対的政治」に異議を申し立てたものであった。都市の民衆がみずからの日常生活を支配しそこに作用している幽霊、つまり「絶対的政治」を拒絶し、社会の空白状態をみずからの力で埋めることによって、「工業化」にとって代わる「都市社会」を創造しようとした、ここに文化革命がはらむ政治的性格を読み取らなければならないのだと思います。

当時叫ばれた〈自主管理〉という理念も、職場や地域をその直接当事者が自己決定するという意味であると同時に、この「絶対的政治」を民衆の手に奪いとる、つまり「絶対的政治」に対する民衆の自己管理的な介入として理解する必要があります。「絶対的政治」はひとびとをたがいに分断し、ひとびとの生活過程を私生活、労働、余暇の諸過程に分断し、その生活過程を自己組織する能力をひとびとから奪います。これらの分断を維持している政治を打ち砕いて、生活過程の総体を自己組織する能力をみずからのうちに取り戻す、ルフェーヴルは、これを「過程としての自主管理」(同、104〜105頁)と呼んでいます。

ルフェーヴルが『「五月革命」論』という著作のサブタイトルを「ナンテールから絶頂へ」とした意味もそこにあったのではないでしょうか。ナンテールは「絶対的政治」からもっとも遠くにある「貧窮地」、「掘立小屋街や捨石場」(同、126頁)であり、「呪われた場所」(同、127頁)です。そのナンテールが「絶対的政治」が君臨する「絶頂」に向かって一気に駆け上がった、それが「五月」であった、と。

**カルパントラ** そう、ナンテールから絶頂へと同時に、ソルボンヌ、パリの中心へ。五月革命が郊外からパリの中心に移行したっていう意味も込められていると思うんですけれども、でも空白という概念がすごく重要なんですね、ルフェーヴルの68年革命論の中で。

## ◆新自由主義における「絶対的政治」——5月の精神の換骨奪胎◆

**カルパントラ** 今現在から考えると、世界的に見て国家という存在は萎縮傾向にあるじゃないですか。もちろん警察力や軍事力はそのまま維持されているんですけれども、でもルフェーヴルがその「絶対的政治」なる概念を提唱した時代に比べて、いわゆる福祉国家というものはかなり委縮しているように思います。政治的土台、上部構造はある意味見えにくくなっていると思います。代議制民主主義はそのまま残っていますが、世界のどの先進国を見てもその制度への信頼度は著しく下がっているのがわかりますね。代議制民主主義や議会制民主主義は「民主」のためにあるよりもお金持ちや政治家という「エリート」のためにあるという考えは割りと一般的になっているじゃないですか。ところが、ごく限られたケースを除けば、68年のような反乱が起きそうな予感が全くないですね。ルフェーヴルの「絶対的政治」の概念から考えて、こうした現状をどう捉えればいいんでしょうか。

**斉藤**　五月革命が生起した時期は、第二次大戦後のいわゆる先進資本主義諸国の経済成長を牽引した組織資本主義の時代でした。この時代は、国家が経済や社会に強力に介入しました。それは、有効需要の管理国家（ケインズ主義国家）とか、社会介入国家と呼ばれました。その組織資本主義が危機に陥ると、1980年代以降、新自由主義的資本主義が出現します。そこでは、規制緩和、民営化、小さな政府が唱えられて、経済や社会に対する国家の非介入の時代へと移行した、と言われていました。しかし、ルフェーヴルの「絶対的政治」の視点からすると、新自由主義的資本主義においても、じつは組織資本主義とは異なるかたちの強力な国家介入がおこなわれていることが分かります。

ミシェル・フーコーが「統治術」（『ミシェル・フーコー講義集成8　生政治の誕生（コレージュ・ド・フランス講義1978～1979）』慎改康之訳、筑摩書房、2008年、63頁）と呼んでいるものが、ルフェーヴルの「絶対的政治」を理解するひとつの手がかりになるように思います。フーコーは国家を独立した機関としてではなく、権力が作用する様式においてとらえようとしました。組織資本主義の時代には、ひとびとが工場、軍隊、学校、病院といった特定の空間に囲い込まれ、そこで特定の規範に従って規律訓練されるというかたちで、日常生活における権力が作用する。5月の反乱は、この規律訓練の権力に対する反乱であったと言ってもよいかと思います。

これに対して、組織資本主義がゆきづまり、代わって出現した新自由主義における権力の作用を、フーコーは「自由主義的統治術」（同、63頁）と呼びます。それはひとびとを特定の空間に封じ込めて規律訓練するというよりも、ひとびとを市場の自由な競争に任せようとする。国家はその市場の自由競争の環境を整備し、ひとびとの思考と行動をその環境に向けて誘導します。そこでは、ひとびとの自由、自律、自己管理、協働、連帯といった精神が権力の統治術のほうへと回収されていきます。

リュック・ボルタンスキー／エヴ・シャペロ（『資本主義の新たな精神』（上・下）［1999］、三浦真希ほか訳、ナカニシヤ出版、2013年）は、そこに「資本主義の新たな精神」

を読み取ります。近代の資本主義の精神は、プロテスタンティズムの世俗内禁欲にもとづく節欲と勤勉の倫理でした。この倫理が資本のかぎりない蓄積を追求する資本主義のシステムを支えたのです。これに対して、「資本主義の新たな精神」は、私的諸個人の共同性、協働、相互協力、集団的な自発性と自律性を旨とします。産業の基盤が知識や情報やデザインや技術となるにつれて、ひとびとの集合力を組織することが資本蓄積の重要なモメントになる。「自由主義的統治術」は、ひとびとの集団的主体に働きかけて、その集合力、ネットワーク力を資本蓄積の活力として組織しようとします。

　フェリックス・ガタリ『三つのエコロジー』（［１９９８］杉村昌昭訳、平凡社ライブラリー、２００８年）も、「精神的エコロジー」（40頁）という、ひとびとの集団的主体性に働きかける権力の領域に着目しています。家族・近隣関係といった日常的な実践の内部に作用してひとびとの主観性に働きかける権力がそれです。１９９０年代になって多くの思想家が発見した新自由主義のこの権力を，ルフェーヴルは１９６０年代に「絶対的政治」の概念によって先取りするかたちで洞察していたように思うのです。

**カルパントラ**　その中で表象の問題も特に重要な気がします。ルフェーヴルは表象をイデオロギーと近い意味で使っていますが、グラムシと同様に、イデオロギーや表象を〝虚偽意識〟や〝ステレオタイプ〟といった意味で使っているわけではなく、むしろ部分的な真実性を内包するものとして論じています。つまり、部分的な〝真実〟を語るか見せることによって、より全体的な〝嘘〟を容易に作り上げることができるというのがルフェーヴルの主張です。このアプローチは、全体を見えなくするために部分で誤魔化すという意味で非常に弁証法的です。でもこの問題は実はきわめてアクチュアルです。経済学者のフィリップ・ミロフスキーは新自由主義の特徴を「疑いと無知を製造する（manufacture of doubt and uncertainty）」ところにあると主張しています（Mirowski Philip, *Never Let a Serious Crisis Go to Waste: How Neoliberalism Survived the Financial Meltdown*, Verso, 2013, p.226)。彼はそれを「無知論（agnotology）」と呼んでいますが、いくつかの小さな〝真実〟を認めることによってより大きな――体系的な――〝真実〟に対して疑問や不信感を抱かせるやり方だと説明しています。これはルフェーヴルのイデオロギー論を裏付ける非常に具体的な事例だと思います。

世界のどこを見ても格差社会や環境破壊の問題が叫ばれていますが、68年のような大きな反対運動が起きないのはそのためでもあるでしょう。去年大ヒットした『ジョーカー』は、大衆向けの娯楽映画でありながらこうした問題を採り上げている作品でもあります。ところが集団が立ち上がる姿が描かれているというよりも一個人であるアーサーの復讐劇が描かれていると言えます。

**斉藤**　『ジョーカー』ね。

**カルパントラ**　そうそう、『ジョーカー』。あれは階闘争まではいかないかもしれないけれども、でも明らかに貧困層／富裕層の対立関係を図式的に描いている映画だし、政治界への不信感を描いている映画なわけです。ところが、同作はその解決策をやはり個人レベルの行為に求めてしまいます。一方危機感や不安を煽る娯楽映画、ニュース番組などが増えていますが、他方では反乱が起きそうな気配が全くないですね。ルフェーヴルの「絶対的政治」の概念から考えて、こうした奇妙な現状をどう説明すればいいのでしょうか。

**斉藤**　新自由主義における「絶対的政治」、つまり社会諸関係の総体に作用する権力を考えるときに、社会の表象のありようは、とりわけ重要なモメントです。『ジョーカー』で描かれた貧者と富裕層の対立関係、富の不平等と格差がリアリティをもってひとびとに受けとめられるようになっている、これはたしかなことですが、これほどの格差がなぜ正当化され自明のものとみなされているのか。しかも、富裕層がみずからの富を正当化するだけでなく、それ以上に、困窮しているひとびとがみずからの貧困を自分の責任だと考えるのです。なぜ貧者は自分の貧しさを自分のせいだと考えるのでしょうか。過労自殺する労働者はなぜ会社を恨むのではなく会社に「申し訳ありません」と言って死んでいくのでしょうか。

そこには格差の社会的表象が、つまりイデオロギーが介在しているのです。この格差の社会的表象について、トマ・ピケティ（『21世紀の資本』［２０１３］、山形浩生ほか訳、みすず書房、２０１４年）が注目すべき指摘をしています。

こんにちの格差は、所得格差以上に資産格差が大きな比重を占めています。資産格差とは、資産をもつ者がますます多くの資産を増やすことであり、その資産の増加が労働に拠らずに金融資産の運用によっておこなわれていることを意味します。ところが、にもかかわらずその不労所得の増加が資産の所有者の能力に起因するものとみなされているのです。つまり、こんにちの格差は、能力のある者が多くの資産を保有するという能力主義の社会的表象にもとづいている。

　このような能力主義の社会的表象はどのようにして社会に根づいたのでしょうか。それは自然発生的に生まれたわけではありません。投機目的の金融取引によって資産の流動的な運用が巨額の収益を生み出すという金融主導型資本主義のありかた、経営者団体がもっぱら労働者の自己啓発を経営方針として掲げること、学校教育が子どものひとりひとりの能力を最大限高めることを最優先課題とすること、など、経済と社会のあらゆる領域で共振するさまざまなちからの作用が、能力主義という格差の社会的表象をひとびとのこころに根づかせます。わたしたちはここに新自由主義において作用する「絶対的政治」を読みとることができます。あるいは、グラムシがヘゲモニーと呼んだ表象の力能を読み取ることができます。

　では、この「絶対的政治」に対しては、いかなる異議申し立てができるのでしょうか。能力主義という格差の社会的表象に介入して、格差を不当なもの、不正義なものとして告発するオルタナティヴな表象をわたしたちが提起し鍛えていかなければなりません。5月の叛乱は、性の規律や分業のありかたや官僚主義や消費のスペクタクルに対して、都市の民衆が自己管理、自己決定という表象を共有し、当時の性、労働、消費の他者管理的なありかたを告発しました。5月の反乱が「絶対的政治」に対する民衆の自己管理的介入によってなされたように、能力主義の社会的表象に介入する闘いが求められています。この介入は、かつての5月のように、蜂起とか、叛乱とか、実力行動というかたちをとらないかもしれません。しかし、「絶対的政治」に対する自己管理的介入の闘争は、日常生活のいたるところで、都市のあらゆる地点で、もっとひっそりとしたかたちで、ひとびとの出会いや交流のなかから密かに生まれてくるのではないでしょうか。

## ◆「出会いの政治」◆

**斉藤**　ルフェーヴルは、国家と経済に橋渡しする政治に対する民衆の自己管理的な介入を「都市への権利」と呼びました。都市がスペクタクル化した祝祭によって統治される動きがますます深化しているこんにち、その動きを批判的に読み取る座標軸として「都市への権利」はいまなお貴重なテーマであり続けていると思います。

ただ、ルフェーヴルに通暁した都市社会学者のアンディ・メリフィールドは、この「都市への権利」という概念はあまりにも抽象的で、しかも実用的でも、政治的でもない、と言います。そして、それに代わるものとして「出会いの政治」(「都市への権利とその彼方——ルフェーヴルの再概念化に関するノート」、111頁) を提言します。わたしたちは大都会で身を寄せ合って生きていながら、出会うという経験を奪われている。ひとが出会う、というのは、商品やスペクタクルを介在せずにひとびとが触れあう経験です。そこから生きられる経験が共振する出来事や空間が生まれてきます。68年5月はそのような出来事であり、パリの空間がそのようにして生まれました。だから、メリフィールドは、「いかなる出会いの政治も、人びとが行為する空間の中にあるのではない。そうではなく、行為することによって、人びとが空間になるのだ」(113頁)、と言います。ひとびとの出会いの経験が、新しい空間を生産するのです。わたしたちがそのような空間になったとき、はじめて、わたしたちは「絶対的政治」の権力が作用する空間から脱することができるのではないでしょうか。ルフェーヴルが都市革命論の集大成として1974年に『空間の生産』(斎藤日出治訳、青木書店、2000年) を執筆したのも、都市革命が〈空間の生産〉においてその完成されたすがたをとる、という認識に支えられてのことだったのではないでしょうか。

「絶対的政治」がめざしているのは、ひとびとが出会うことのないようにたがいを隔離し分断し続けることであり、この「出会いの政治」を妨げることです。わたしは、この「出会いの政治」を現在生きている人間だけに限定してはならないと思います。わたしたちは過去の死者との出会いを、記憶から抹殺され忘却された死者との出会いを求められています。さらに、これからこの世に生まれてくる未来のひとびととの出会いが求められます。将来世代をおもんばかることのない社会のありかたが問い直されます。さらに、わたしたちは動物や植物や微生物との出会いを経験します。さらに、わたしたちは自然を開発の対象とみなすのではないかたちで、自然との出会いを経験します。あるいは、自然を生きている自分を再発見します。技術や社会制度や社会諸関係に対しても、わたしたちは「絶対的政治」の権力作用から解き放たれて、新しい出会いを経験します。このあらゆる領域での出会いの経験が共進化して、「絶対的政治」を圧倒するとき、社会の巨大な転換が始まる。わたしたちの日常生活の網の目のなかにこのようなかたちで「絶対的政治」と向き合う萌芽と契機を多様なかたちで探り当てていかなければならないのではないでしょうか。

ルフェーヴルも、異議申し立てが「ひとつの出会い」(『「五月革命」論』、80頁)をもたらす、と言っています。退屈きわまりない細分化された労働、働く者の意思を排除する労働の官僚主義的編成、商品を購買するだけの受け身の消費に異議を申し立てることによって、ひとびとはそれとは異なる労働のありかた、享受のありかたに出会うことができるからです。

**カルパントラ**　「出会いの政治」という概念は面白いですね。自分たちも大学では人文系の先生とは仲がいいし、様々な交流がありますけれども、他の学科の先生とはほとんどつながりがありません。同じ教授会を一緒にしたりしましたけれども、出会いがほとんどないですね。また、先生のおっしゃる「現在生きている人間との出会いに限定してはならない」という言い方も賛成です。資本主義社会は現在を一元化しようと努力しますが、かつてエルンスト・ブロッホが「非同時性」という概念で示したように、現在は一つの「今」の時間ではなく、複数の非同時的な過去によって構成されている(『この時代の遺産』[１９３５]、池田浩士訳、三一書房、１９８２年)。68年の記憶が様々な形でわれわれに語り掛けてくるのも、そうした進行形の過去の一つであるからに他ありません。今現在われわれに求められているのは、そうした過去との積極的な出会いなのかもしれませんね。

## 【後記】日本の68年革命と祝祭都市の政治……ファビアン・カルパントラ

フランスの五月革命が1カ月間という短い期間において勃発したといわれているのに対して、日本の68年革命は1967年から1972年までの長いスパンにわたって展開されたといわれることが多い。例えば、日本の新左翼運動の研究者として知られるパトリシア・スタインホフは日本の68年革命を第一次羽田闘争、安田講堂事件、それから連合赤軍事件という三つの「大事件」に要約している（Steinhoff, P.G., "Memories of New Left Protest", *Contemporary Japan*, 25 (2), 2013, 127-165.）。1968年に起きた王子野戦病院反対闘争や新宿騒乱という重要な「事件」は、不思議なことに、68年革命を代表する出来事には含まれない。そのアプローチは日本の68年が60年代のさまざまな運動に淵源している部分を持っているという意味では決して間違っているわけではないし、また、連合赤軍事件が日本の新左翼運動や学生運動に及ぼした影響の大きさを鑑みると68年革命と切り離され難い存在であることがわかる。しかし、第一次羽田闘争や連合赤軍事件に重点を置くことは1968年という相対的に短い期間において起きた様々な出来事の歴史的意義から目をそらすことではないだろうか？　また、日本の68年をフランスの五月革命のような「革命」としてではなく、少数の「暴力学生」による「紛争」としてあらかじめ位置づけることを意味しないか？

日本の全学共闘会議（全共闘）運動は安田講堂事件をピークに終息したとよくいわれている。ところが、国家権力との「決戦」として多くの新左翼系セクトを中心に「上から」闘われた安田講堂事件と、任意の個人や集団の連合体として「下から」形成されていった１９６８年の全共闘諸運動との間には、決定的な違いが存在する。日本の68年革命の思想的系譜を詳細に論じた絓秀実は前者を「徒党や群れという戦争機械」である後者に対する「反革命的な反動」として位置付けている（絓秀実『革命的な、あまりに革命的な――「１９６８年の革命」史論』、作品社、２００３年、２６３頁）。ジル・ドゥルーズとフェリックス・ガタリが共著『千のプラトー』（１９８０）で提出した「戦争機械（machine de guerre）」なる概念は、国家の諸装置に組み込まれることを拒絶する、外部的で非中心化的な集団を指す。「戦後民主主義批判」や「大学解体」というスローガンから読み取れるように、日本の全共闘運動は大学の「民主化」を目的としていたのではなく、国家権力の管理／規律装置として作用する大学や自治会の存在そのものを否定していたのである。

「戦争機械」は政治から経済までのありとあらゆる領域における国家の介入を拒絶するという意味で、ルフェーヴルのいう「絶対的政治」への批判と通底する部分がある。斉藤日出治が指摘するように、「絶対的政治」は狭い意味での政治を指すのではなく、都市住民の生活過程を含む経済と政治の双方を橋渡しするような「強力な政治」のことである。すなわち、フランス五月革命のように、日本の学生たちは行政や議会制民主主義に対して反乱を起こしたのではなく、ひとびとの生活過程を包み込む「社会全体の深みのなかに潜入する」国家に対して異議を申し立てたのである。それは、資本や国家という他者が差し出す社会的アイデンティティを否定する「自己否定」というノンセクト・ラジカル思想に表れているだけでなく、都市空間をアグレッシブに組み換えようとした学生アクティヴィストの様々な実践からも読み取れる。「解放区」や「解放講堂」という言葉は、戦術的な意味合いを持っていると同時に、資本や国家という他者があらかじめ決めた空間の名前と役割を変更させる試みでもあったのである。日大全共闘の参加者として知られる三橋俊明は、そのような空間を「祝祭的空間」として定義づける。「バリケードによって創られた解放区は、私たちに場所と時とを自由に解き放つ心地良さを、ほんのひととき経験させてくれた。［……］その瞬間に出現した異世界の仲間たちとの出会いや共感は、創出した解放区を祝祭的空間に一瞬変容させた」（三橋俊明『路上の全共闘１９６８』、河出書房新社、２０１０年、14頁）。「解放区」は道路、駅や大学という資本や国家によって合理的に組織された都市空間を変容させていたばかりでなく、そこに出入りするひとびとの社会的アイデンティティを変容させてもいた。斉藤の言葉を借りれば、「見知らぬ他者が偶然に出会い、未知の協同性を創造する」空間でもあったのだ。それは、王子野戦病院反対闘争に参加した東大全共闘元代表の山本義隆の証言や新宿騒擾事件（新宿騒乱）の第一審判決から読み取れる。「本当は「野次馬」と言うより「群集」というほうが現実に近いと思いますが、現場には見物人だけではなく、個人参加あるいは小集団の参加者がいっぱいいて［……］全学連や反戦の部隊が引きあげた後に、それらの人たちの多くが地元の人たちとともに残って、皆でわいわいやっていました。多いときには万単位の数の「群集」、マスコミの言う「野次馬」が集まっていたのです」（山本義隆『私の１９６０年代』、週刊金曜日、２０１５年、１００～１０１頁）。「同駅構内を占拠して列車等の運行を妨害すべきであるとの意思が確定的に形成されたのみならず、その周辺に蝟集する群衆の間にも、広く右の意思が浸透するにいたった、すなわち、この時点において、当時東口広場に所在していた各派学生と同所に蝟集する群衆の多数の者との間に、暴行、脅迫に関する共同意思が形成」された（松本一郎「新宿騒擾事件最高裁決定について」『ジュリスト』、８３１号、１９８５年、54頁）。日本の68年は、フランスの五月革命のようなゼネラル・ストライキではなかったことはいうまでもない。しかし、だからといって、アイデンティティ・クライシスや「現代的不幸」（小熊英二『１９６８〈上〉若者たちの叛乱とその背景』、新曜社、２００９年、１４７頁）という曖昧な表現で語られる「少数の学生」による反乱であったわけでもない。日本の68年革命において問われていたのは、フランスの五月革命がそうであるように、生活過程を自己組織することであり、学生と労働者や自己と他者という社会的アイデンティティを解消した共同性だったのである。

# 4 イスラーム都市から考える

【提起】 守田正志「ルフェーヴルの向こう岸」

【対談】 守田正志＋樺沼範久

【後記】 樺沼範久「地中海世界のヴェネツィア」

ウマイヤド・モスクからのダマスクス旧市街地（篠野志郎撮影、2010.06）

## 【提起】ルフェーヴルの向こう岸……守田正志

「アッラー・アクバル……」

払暁の薄闇の中、静寂の覆いを矢庭に剥ぎとる謡声が町中に鳴り響く。朝の礼拝の刻を告げるアザーンの谺とともに、昨日となんら変わることのない一日が、神の見守るイスラーム世界の日常が今日も始まっていく……。

2001年9月、アルメニアという日本や欧米から遠く離れた異国の地で、訪問した友人宅のリビングでテレビを観ながら談笑していた時のことである。1機の飛行機がアメリカ合衆国のワールドトレードセンターに一直線に猛進し、激突した映像が映し出された。状況が状況なだけにその映像は脳裏に刻み込まれ、既に十数年の時が経過した現在でも、記憶は鮮明に残っている。この時からであろうか、イスラーム≒テロ集団という虚像でしかないものが、まことしやかに実像として語られるようになったのは。

現在まで続く第一次世界大戦の負の遺産（戦争がもたらす大抵のものは負の遺産なのだが）であるパレスチナ問題、1990年のイラクのクウェート侵攻を契機とする湾岸戦争、タリバンによる2001年のバーミヤン遺跡の仏像破壊、記憶に新しいのはISILによるイラク・北シリアでの紛争激化、ことさらに欧米世界とイスラーム世界の対立を強調する気はないが、近代以降、人類が懸念を示す典型的な構図の一つであろう。サミュエル・ハンチントンの『文明の衝突』（1996〔鈴木主税訳、集英社文庫、上・下、2017年〕）は、歴史（時間）という煙幕を張りながら、この問題を世に問うた。何が原因なのであろう。文化や宗教、政治体制の差異、経済格差、精緻なアラベスクのごとく絡まり組子になった様々な要因を一元化するのは土台無理な話なのではあるが。ただ、イスラーム思想・政治・社会研究者の小杉泰が、「19世紀からの西洋の植民地支配は、イスラーム的価値そのものを否定してかかる。［……］価値観そのものが危機に晒されたという意味において、新しい時代の危機は、イスラーム史上かつてないものであった」（小杉泰『イスラームとは何か――その宗教・社会・文化』、講談社現代新書、１９９４年、２６４～２６５頁）と述べるように、きっかけは他者（欧米の価値観、社会システム）からの抑圧への反動、些細な自己防衛だっただけなのかも知れない。

かつて、ウェーバーは西洋的都市の５要素（防御施設、市場、裁判所・法、団体性、自律性・自主性）を定義し、近東アジアには限定された地域と期間において都市は存在した、と述べた（マックス・ウェーバー『都市の類型学』［１９２１／１９２４］、世良晃志郎訳、創文社、１９６４年、41～42頁）。ホウラニーは、こうした西洋哲学・社会学・経済学の伝統から想起される都市に従えば、中東地域に都市は存在せず、少なくともイスラーム都市には５要素のうち２要素（裁判所・法、自律性・自主性）が欠けていたと、大筋で同意を示す。同時に、そもそも西洋の学問体系でイスラーム（都市）を捉えることが有効であるのか、という問いを投げかける（A. H. Hourani, 'The Islamic City in the Light of Recent Research', *The Islamic City: A Colloquium*, A. H. Hourani and S. M. Stern eds., University of Pennsylvania Press, 1970, pp. 13-14）。いずれにせよ、互いの都市の、社会の、文明の特徴（優越性といっても構わないだろう）を別対象との比較により措定する。些か古い論調ではあり、不毛にも感じるが、こうしたことは現在でもごく当たり前のように行われている。

一方、資本主義・消費社会の急速な発達に伴い変化していく自身の身の回りの生活圏の様子を、社会の様子を苦々しく眺めながら、アンリ・ルフェーヴル（１９０１～１９９１）は都市空間を分析し、『日常生活批判』（Ⅰ［１９４７］；Ⅱ［１９６１］；Ⅲ［１９８１］）や『都市への権利』（１９６８）、『空間の生産』（１９７４）を著すことで、都市社会の変革を提唱していく。工業化の恩恵の裏返しとして、巨大資本による抑圧・制限・定型化される人と都市の惨状を目の当たりにし、どのような抵抗・改革が可能であるかを模索した。最晩年の著作『リズム分析』（１９９２）においては、都市空間の捉え方に対する新たな視座の提供を試みる。他との比較ではなく、対象とする都市そのものに内在するリズムを感じ、見出すことの重要性を説く。

ルフェーヴルは同書の補論「地中海都市のリズム分析の試み」（１９８６）で地中海への憧憬を語る。アルプス以北のフランス・パリに住まう彼にとって、アルプス以南のヨーロッパのさらに南の広大な地中海に、理想の都市を、社会を、世界を構築するための要素を見出したかったのだろうか。地中海にまで射程を延ばしたルフェーヴルではあったが、その海を隔てた対岸には、別の世界＝イスラーム世界が広がっている。ただし、彼の瞳にイスラームは映り込んでこない。何故だろうか。イスラーム世界の都市にも、市政の人々の日常の生活があり、独自のリズムは刻まれているはずである。

グローバリゼーションが進行する都市社会にとって、異なる文化・文明・宗教・思想との時空間の共有を避けて通ることはできない。リズムの位相差は、明るい光を照らす／暗い影を落とす一因であろう。ルフェーヴルが21世紀初頭まで存命し、アメリカ同時多発テロを目撃したのならば、何を語ったのであろうか。欧米社会とイスラームの都市・社会のリズムにどのような不協和音が奏でられたのであろうか。この位相差は解消すべきなのか。はたまた、裏拍の世界との協奏こそが、我々のリズム（日常）を豊饒なものとしてくれるのだろうか。

## 【対談】イスラーム都市から考える……………守田正志＋樽沼範久

### ◆イスラーム世界の日常とリズム◆

**樽沼**　私はほとんどイスラーム世界を知らないのです。子どもの頃には中東戦争によるオイルショック（１９７３）があったり、ホメイニー師が主導するイラン革命（１９７８）がニュースになったり、庄野真代が歌う「飛んでイスタンブール」（１９７８［ちあき哲也作詞、筒美京平作曲］）が流行ったりしましたが、イスラーム世界はほとんど身近にはならず、激動のリズムをもった世界というイメージ、そして砂漠の蜃気楼のようにゆらめく遠くの世界というイメージにとどまりました。激動の世界、揺らめく世界というのは、「こちら側」とのからみで生じているにもかかわらず。

イングランドに留学したときには、ラマダーンで日の出から日没まで断食をしているムスリムの学生たちも別の学生寮にいたり、イランやトルコやシリアに出自をもつ学生とも知り合いになったりで、イスラーム世界を少し近くに感じたりもしましたが、イスラーム世界を深く知る機会は逸してしまいました。幼少時のイラン革命のときに、テヘランからドイツのデュッセルドルフに家族で移住した男性は、ヨーロッパのほうを強く意識していましたし。トルコ出身の女性たちからはトルココーヒーをごちそうになり、カップの底に残ったコーヒーの粉末の模様で占いをすると教えてもらったりするくらいだったか。シリア出身の女性からは、建物が美しくひしめきあっているダマスクスの写真を見せてもらいましたが、そう遠くはない未来にシリアが内戦に苦しみ、たくさんの人々が難民になるとは思いもよりませんでした。今あらためてイスラーム世界について知りたいし、「2001年以後」となればなおさら、イスラーム世界の日常生活や都市について知らなければと思っています。

来年度の横浜国大での授業では、井筒俊彦『イスラーム文化――その根底にあるもの』（1981〔岩波文庫、1991年〕）や「イスラームとは、その存在自体が、一つの「経済学批判」なのだ」という中沢新一『緑の資本論』〔2002〕（ちくま学芸文庫、2009年、133頁）なども、学生たちと一緒に読もうと計画しています。井筒の『マホメット』（1952〔講談社学術文庫、1989年〕）にもしびれました。いつのことだったか、東京藝術大学で毎週金曜日に担当している「メディア概論」に向かう途中、上野から取手まで常磐線に乗って、『マホメット』を読んだのです。マホメット登場以前のアラビア世界が非常に魅惑的に描かれていて、『千夜一夜物語』のアラビア世界ですね。その幻想的世界が退廃していったときに、メッカの商人ムハンマドが天使に遭遇して預言者になっていく。幻想的なアラビア世界の頂点がすごく魅力的だっただけに、それをイスラームの一神教によって切断することが、ものすごい迫力で、革命的に感じられました。覇権を積極的に拡張していく局面になると自分に響くものは小さくなっていくものの、常磐線がガタンゴトンと江戸川、荒川、利根川と渡っていくにつれて、自分のなかでも何かが沸騰してきて、その日の講義は『マホメット』の話に変わってしまった。

ところで、研究会で取り上げたアンリ・ルフェーヴルも、「地中海都市のリズム分析の試み」（１９８６）のなかでイスラーム都市に触れてはいますよね。イスラーム都市では寝室、家屋、街路、広場、街区、そして都市全体が入れ子のように複雑に重なり合っているのだと（Henri Lefebvre, *Rhythmanalysis: Space, Time and Everyday Life*, trans. Stuart Elden and Gerald Moore, London: Bloomsbury, 2004, p.101）。しかし、それはルフェーヴル独自の観察とは言えないでしょうし、何よりもヴェネツィアを典型とするような、ヨーロッパ人の地中海都市を論じるなかでのことです。なるほど守田先生のご指摘のように、ルフェーヴルのまなざしはイスラーム世界それ自体には届いていないようです。

現在のヨーロッパ人の地中海都市にも、いかにイスラーム世界が映りこんでいるか。そうした視座は非常に大事だと私は考えます。ヨーロッパ世界とイスラーム世界を対立させてイメージするのではなく。ただ、地中海都市に関するルフェーヴルの記述に物足りなさを感じてしまうのも確かです。問題設定と時代設定も異なりますし、論考の規模も異なるので、ルフェーヴルの補論をフェルナン・ブローデルの大著『地中海とフェリペ２世時代の地中海世界』（『地中海』［第二版、１９６６］Ⅰ〜Ⅴ、浜名優美訳、藤原書店、１９９１〜95年）に比べるのは意味がないかもしれませんが、イスラーム都市を含めた地中海世界への関わりかたの違いなのでしょうか。

今日はイスラーム都市とイスラーム世界それ自体のことを中心に、いろいろ守田先生から伺うことができればと思っています。イスラームの建築史・都市史を専門にしている研究者は、おそらく日本にはあまりおらず、その意味でもあらためて貴重な存在です。

**守田**　どこから話し始めましょうか。先ほどのルフェーヴルの語るイスラーム都市の形態的特徴、端的に言ってしまえば迷宮的都市、は割と古くから指摘されています。最近では複雑な形態そのものを魅力的だと評価する機運もありますが、一般的には西欧の形態的整合性をもつ都市と比較して、その無計画性が特徴として指摘されてきました（スピロ・コストフ『建築全史――背景と意味』［1985］、鈴木博之訳、住まいの図書館出版局、1990年、641〜654頁）。こうした建築学的視点からの考察も面白いのですが、せっかくの機会ですので、ルフェーヴルにかけて、「イスラーム世界の日常」から始めたいと思います。とはいえ、イスラーム都市での日常生活といっても、現地を訪れてもなかなか触れる場面は少ないと思います。そうした中で、イスラーム圏の都市に訪れた外国人が必ず体験し、驚くのがアザーン（礼拝への呼び掛け。現在では、マイクと拡声器を通して、街中に鳴り響くのが通例となっている）だと思います。アザーンの呼びかけとともに、日に5回、決まった時間にイスラーム教徒は礼拝をするのです。これは、我々部外者からすれば、ある人間が、ムハンマドが定めたルールと捉えられなくもないですが、どう思いますか。

**榑沼**　時をどう刻むかという問題ですね。

**守田**　確実にリズムだと思います。ただし、非常に人為的な産物です。もちろん、地球と太陽との位置関係で定まるので、人為的ではないとする人もいるかもしれませんが……。

**榑沼**　5という数字は、自然な対応がなかなか見つかりにくいのでは。明暗あるいは昼夜で2、地球と太陽と月で3。3食というのは普遍的な習慣ではないでしょうが、朝昼晩の3でもない。すると1日5回の礼拝という宗教的・社会的な規則は、身のまわりの経験的な自然のリズムから自らを引き離して、超越的な法を人工的に立てるということなのでしょうか。

ルフェーヴルの『リズム分析』には、おもに資本主義の問題を扱っていますが、「時間の操作」に関する章もありました(Lefebvre, *Rhythmanalysis*, pp.61-65)。「歴史のリズム」が複座に織り成されていくなかで、「社会的時間の創出」も為されていく（p.61)。

**守田**　イスラームを信奉していない我々は、その理由や違和感をロジカルに考えることによって理解しようとする。しかし、子供のころからそうした環境の中で生きているイスラーム圏の人々の日常生活を眺めてみると、日に5回の礼拝は確かに人間がつくり出した、人間と言ってはいけないのでしょうけれども、アッラー（神）が示してくれたものである。そのため、彼らの考え方は、恐らく我々とは違う。アッラーという超自然的な存在が与えてくれたものです。たまたま目印としての礼拝時刻は定められていますが（季節により変動）、それは我々が時を知るために何時という共通言語を生み出したがために記号化されてしまったためであり、彼らはそもそもその「何時」という記号そのものが重要ではない。5回というような、時間的記号を引き剥がしたものを重要視しているのであれば、それはもう人間的・人為的なものから離れたものであるし、さらに朝・昼・晩の自然の規則からも超越したものとして捉えられなくもないなと思えてきます。その結果、イスラーム独特の「社会的時間の創出」に繋がっているのだと思います。

そこがまず、我々はイスラーム教徒ではないし、その都市で生きている人間ではないので、そこまでは感じ取ることはできないですけど、彼らの生活や風土を見ていると、特別なことではなく、ごく普通に過ごしている。あと、つい先日、イスラーム建築調査に学生を連れて行きました。

**樽沼**　どちらのほうに。

**守田**　トルコです。彼らにとってイスラーム圏は初めてで、やはり、「また鳴った」とか面白がってアザーンを聞くわけです。礼拝前のアザーンは街中に突然、鳴り始めます。我々異邦人があの声を聞くと、「うわっ」と驚き、「ああ礼拝の時間か」と実感します。ある種の感動を覚えるといってもよいでしょうか。しかし、現地の人は誰一人、本当にあたふたともしません。住人からすれば、ごく当たり前の日常なので。

**樽沼**　肉体化されているというか、透明になっているのですね。

**守田**　もう身体化されていますよね。その世界はすごいなと。このように、イスラーム都市には、「ああ、違うんだ」と、非常に分かりやすく徹底的に感じ取れることが1個ある点で面白いです。ただ、私もいつごろかは分からなくなっていますが、イスラーム圏に着いたその日ぐらいはアザーンの音が気になりますが、2日目、3日目ぐらいになるとほとんど気にならなくなっています。

モスクなどの建物や都市を調査するときに、礼拝の時間に人が集まる場所もあるので、そのために建物に入れる・入れないといった状況が生じます。そうした生活の様子に特段の注意を払う必要が無いほどに慣れてくると、アザーンを聞く以前に、自分の行動の先読みの世界に入ってきます。これからAを調べて、次にBだとすると、Bの場所に着く頃には礼拝が始まるから、その前に昼食を済ませてしまおうかなと、なんとなく自身の行動を礼拝時刻に合わせてうまく生活できるリズムが出来上がってきます。

つまり、イスラーム世界には、本当に分かりやすい、まず1個、決定的なリズムがあります。都市生活者にせよ、農村生活者にしろ。そうした世界は、他のイスラーム以外の世界とは、決定的に違う世界観で暮らしています。その世界をどう見るのか、どう考えるのかは、今後、さらに重要になってくると思います。日本もイスラーム教徒の人口が増えてきている現状において、さすがにアザーンは鳴らしてはいないですけど、どのように変化していくのか興味があります。

**榑沼**　これはアザーンを生で聴いてみたい。アザーンに身体を浸してみたいです。

**守田**　実は東京都内にも、気づかない（意識しようとしない）だけでモスクや礼拝所は既にたくさんあります。分かりやすいのは、代々木上原に鎮座している大きなモスク（東京ジャーミィー）です。この建物はシンボルになっていますが、全員が毎回そこに行けるわけではない。その場合どうするのかというと、ビルの1室などをモスクの代わりに使います。そうした簡易礼拝所的な場所は、都内にも意外とあります。周辺のムスリムはそこしか祈るところがないから、あるビルの1室に、国籍を超えて集まってくるわけです。自分が直接、礼拝の時間に出くわしてみたことがないので、ある時間に10〜15人ぐらい外国人が何の変哲もないビルにわらわらと入ってく姿を、それが定期的に繰り返される情景を、我々日本人はどうやって眺めるのか、観察したいとは思っています。

**榑沼**　駒場から代々木上原に車で抜けていくときに、

あのモスクを何度か目にしました。興味深く眺めたものの、いつも車で通過してしまいました。来年度は駅から歩いて東京ジャーミィーを訪問してみなければ。「ルフェーヴルの向こう岸」にあるイスラーム世界のリズムを少しでも身体ごと知るために。ルフェーヴルも強調するように、身体は多様なリズムで構成されるポリリズム状態や、異なるリズムが連合して整えられるユーリズム状態にある。リズムを知るには、その身体がどう変容していくか、そこから目を逸らしてはいけないですからね（*Rhythmanalysis*, p.77）。そのようにして「まず自身を教育する必要」が、「世界や、時間や、環境に関する自分の知覚や着想を更新する必要」がありますし、「その結果、自身の感情も更新されるはず」でしょうから（p.32）。

## ◆無制限な蓄財に抗する世界◆

**椁沼**　アザーンというイスラーム世界の決定的なリズムからすれば、都市生活者や農村生活者の区別などないのですよね。いずれにしても1日5回のアザーンが日常生活のリズムを刻む。都市と農村、都市と漁村、都市と地方というような分割なりヒエラルキー、それがアザーンによって消えて、平等に平準化される。

**守田**　その観点でいえば、消えますね。

**椁沼**　個人的民主主義社会ではないところで、厳格な平等主義があるのではないかと想像しました。都市は人にしても財にしても知にしても、それらを集約し、増殖させていくとして、もちろんイスラーム都市にもそうした側面はあるでしょうが、アザーンのリズムによって平準化がなされる。貨幣によってすべての商品が、労働する身体ふくめて平準化され、計測可能で交換可能になるのとは異なる様式で、平等になるものが日常生活に生じる光景が浮んできました。

**守田**　どこまで熱心に信仰し、どこまで礼拝をきちんとするかという個人的なことは別問題として、そのように日常は動いていると思います。同時に、そこがすごく面白い点ですが、リジッドに決まりすぎているわけではない。きちんと『クルアーン』やスンナ（ムハンマドの言行・範例）に示されていますが、日に5回、アザーンが鳴って、礼拝の時間が告げられますが、病気や仕事中、移動中で礼拝ができないときもある。そういった事情があるなら、ちょっと時間をずらしていいですよ、なんなら夜の最後のときに1日分まとめて礼拝してもいいですよ、と。

**樽沼**　非常に厳格かと思ったら、融通も効くのですね。

**守田**　そうです。そのあたりの融通さもあります。それは別に、最近の忙しくなってきた現代社会に適応させるため急造された話ではなく、昔から実践されていることです。緩さもありながら、しかし、刻まなければいけないリズムを実践していく中でつくり上げられてきた都市がイスラーム都市ですね。具体的な建物などで語り継ぐ物理的な環境としての都市だけではなく、人が集住して住む生活場所としての都市空間という観点からも、日常の動態というものは非常に興味の尽きない対象です。

しかし、日に5回の礼拝ほど大々的ではないですけど、かつてのヨーロッパや日本、例えば江戸の町では「町木戸」や「長屋木戸」を設け、それは防犯のためでもあるのですが、時間が来ると門を開閉し人々の移動を制限していた。そうした、閉めて開ける、のように、時間によって何かが決まって動くことを我々はやってきましたが、現代の都市にはそれが無くなってきていますよね。

そういったシームレスな、無制限で無秩序な世界観で果たしていいのだろうか。何か、我々は自由みたいな言葉を手に入れたと同時に、何かを失っているような、ずっと動き続けなきゃいけない、マグロですか、みたいな。

**樽沼**　このままではきっと、「ざんねんないきもの」になってしまいます。愉楽のための移動ではなく、蓄財、増殖、拡大の競争に追われる移動。その裏面として、難民として移動を強いられる状況。常に蓄財、増殖していかなければならないという呪縛は、どうしたら解けるのか。第一次世界大戦で戦死したカトリックの思想家ペギーは『クリオ』のなかで、「蓄財家の貧困」をあわれむ言葉を紡いでいます。財産だけが問題ではありません。下に降りることはできない「上り専用の階段」、「上がったら最後、二度と降りられない階段」に喩えられる「進歩の理論」。老衰から目を背けるこの理論は「ある時代のある民族から生まれた理念」でありながら、「広く一般に行き渡り」、「現代の世界と、現代の世界を支える哲学や政治や教育の核心」になっていると（シャルル・ペギー『クリオ―歴史と異教的魂の対話』〔1932〔1909～1914執筆〕〕、須賀敦子の本棚6〔池澤夏樹監修〕、宮林寛訳、河出書房新社、2019年、65～68頁〕。馬鈴薯（ジャガイモ）の喩えが効いていて、単一栽培で栄養を貯蓄した「馬鈴薯が人間にとっていくら有用でも、馬鈴薯という品種を作る元となったナス科の植物から見るとさほど有用ではない」とも（69頁）。

さきほどはアザーンから空間的平等を思い浮かべたのですが、江戸の町の「町木戸」や「長屋木戸」では、時間の刻みは空間の刻みでもあるわけですね。こうした時空の刻みは、増殖に抗する社会的技法なのか、あるいは結果として増殖を抑制することになっていたのか。

いずれにしても、近代・現代の市場は全面化して社会を覆い尽くしていきましたが、市場の時空を限定する社会もある。日本でいえば、中世日本史家の網野善彦さんが、勝俣鎮夫さんの研究も参照しながら強調していたように、モノとモノが交換されるには日常社会の外縁にある「無縁」の場所が必要で、河原や中州、海と陸の間の浜辺、山間と平地の間の坂など、限定された場所に市が立った。ひとたび誰のものでもないモノにすることができないと交換できない、だから交易が可能になるには「無縁」の場所が必要だという論理です。また、虹が立つとそこに市を立てたらしいのです。そして、この交換の場所はモノとモノを交換する市場であるだけでなく、歌謡とともに恋愛を交わし合う「歌垣」の交歓の場所にもなる〔網野善彦『日本の歴史をよみなおす（全）』〔1991／1996〕、ちくま学芸文庫、2005年、57～59頁〕。私のイメージで言えば、虹は重力から開放されて天空にかけのぼり、重力でまた大地に消えていく。虹は神々のわたる大きな橋を描くように大地をまたいで、大地と天空を結ぶ。だから虹は中世日本の人たちにとって現世と彼岸、人の世界と神々の世界をまたぐところと位置づけられたのではないか。こうした中世・近世の日本とはおそらくまた違う、イスラーム世界の空間分節を知りたいところです。

**守田**　私が結構若いころに読んだ、『イスラームの起源』〔リチャード・ベル『イスラームの起源』〔1925〕、熊田亨訳、筑摩叢書、1983年〕という本があります。一介の商人であったムハンマドがどうやってイスラームの教えをつくり上げたのか、といったことをドラスティックに検討しています。

さっきもまさに樗沼先生がおっしゃられたように、もともとムハンマドは商人でした。商人だし、都市で生きている人々がいて、かつ、ユダヤ教なりキリスト教なり、敵対はしないですけど、超えなければならない宗教がある中でイスラームを広めていかなければならないときに、ムハンマドがどのような戦略を持っていたのか。実際には、商人の世界に何かしら利便性をもたらすような教えとなる工夫が『クルアーン』には随所に組み込まれている、といったことを論じています。確かに『クルアーン』は財の蓄積それ自体を否定しているわけではないのです。しかし、無制限な蓄財を抑止するような部分も含まれています。われわれは蓄財と消費の連続を常にし続けなければいけない世界に住んでいて、エントロピーがひたすら増大していく大変な世界、先に見えているのはもう恐ろしい世界でしかないですけど、ムハンマドはそのことを予見していたのかどうか。

その点について1つ、キリスト教にも仏教にもある教えですけど、我々はいつの間にかそこまで実行しなくなってしまったものが喜捨（施し）です。イスラームにおける喜捨という行為は、ムスリムにとって義務行為の1つです。義務行為であることに目をつけ、今でこそ厳格ではないですけど、かなり初期の頃から当時の支配層は喜捨という行為を、要するに税に変えていきます。今でいう税というシステムに変えつつ、信仰の実践を国家の統治や社会を回すために組み込んでいくわけです。そのため、個人の蓄財が国家（宗教）によって途切れるわけです。

喜捨により財を使うことは同じですけど、例えば、今の我々でいうと喜捨とは基本的には家族のためとか、社会のためとはいいながらも、金銭的なのか、名誉的なのかはよく分かりませんが、自分になんかしらのリターンを期待しながら財を個人の意思で消費します。しかし、イスラームではそうではない。喜捨自体は善行であるからこそ義務とし、自分の何かしらに直接的に還元されるとは関係のない仕組みに組み込んでしまう。生産・消費という個人の循環から強制的に切り離してしまいます。

しかし、税を集めた者たちがそれを再度世界に戻すことによって、いずれまた、何かしらに戻ってくる、自分たちの生きている世界は続いていく、というシステムをつくり上げています。宗教税とも社会的基金とも解釈できるこうした制度に対して、有機的な地域社会の形成、維持に必要なゲマインなものの保持に大きく貢献している、と評価している研究者もいます（黒田壽郎『イスラームの構造――タウヒード・シャリーア・ウンマ』、書肆心水、２００４年、１８４～１８５頁）。

ここまで資本主義が発達していない状況では、イスラーム圏以外でもそういう世界は持ち得ていたはずです。しかし、さきほど話題に上った貨幣、世界すべてを平準化し、交換可能にしようとする貨幣の登場により、まさに現在がそうですが、お金さえ持っていればどんな人間でもあっという間に強者になりうる状況に対し、そういうことをどこかで抑制するシステムをつくり上げたのではないか。一言で言うのは難しいですが、そうしたシステムが回っていた世界と今と、どちらが良かったのかなという疑問は出てきます。

**榑沼**　確かに二者択一は難しいですが、資本主義は増殖を抑制する技法や制度を（他者においても強制的に）解除し、時空の刻みを暴力的に開放して、貨幣の力能を解放する仕組みだとしたら、我々はイスラーム世界から学びなおすことが沢山あるように感じます。資本主義社会が発展することができたのは、イマニュエル・ウォーラーステインにも言及しながらブローデルも言うように、その社会の内外に奴隷制や農奴制を共存させるための「空間の強権的組織化」が施行された限りにおいて、なのですから（フェルナン・ブローデル『歴史入門』［1976：*La dynamique du capitalisme*］、金塚貞文訳、中公文庫、２００９年、１１７頁）。これからも無際限の蓄財を夢見続けるならば、この「空間の強権的組織化」も存続させる無理をすることになるでしょう。国家にいたる歴史の進歩という図式に徹底的に抗した社会を、アマゾンの森林で生活するトゥピ、グアラニの人びとのなかに見出したピエール・クラストル『国家に抗する社会――政治人類学研究』（［１９７４］、渡辺公三訳、書肆風の薔薇、１９８７年）にもならって、「無制限な蓄財に抗する社会」「増殖に抗する世界」

の存在を積極的に考える意味が我々にはあると思います。

イスラーム世界がどのように時空を分節しているのかということに関連して、もう一つ気になることがあります。イスラーム世界の根底にある「原子論的存在論」、「存在の根源的非連続性」です。因果律が成立しない量子の世界にも似ているかもしれませんが、起点となるのはアッラー（神）です。アッラーが瞬間ごとに、人間も含む世界を不断に創造すると考えるため、世界は最初に創造されて終わりでもなければ、最初から目的が定められて動いているわけでもない。ある瞬間と別の瞬間は絶対的に断絶している。「歴史はつぎつぎに起る出来事のとぎれとぎれの連鎖である」というのです（井筒俊彦『イスラーム文化』、75頁）。14世紀のイブン・ハルドゥーンはこれを覆して、「歴史を一つの因果律的に連続する時間の流れのリズムとしてとらえた」けれど、それは「例外的」な考えなのだと（同前）。

さらにこうした「非連続的存在観」は空間についても言えて、世界の事物は原子の集合で構成されているにもかかわらず、原子どうしにも、世界の事物どうしにも「内的連結」がなく、「ただ偶然に並んでそこにあるだけ」だと（同、75〜76頁）。すると、ペギーが『クリオ』で揶揄していた「蓄財家の貧困」、そしてその前提となる「進歩の理論」はイスラーム世界では切断されることになります。そして、ウォーラーステインとブローデルが強調したような、資本主義を存続させる「空間の強権的組織化」も抑止されるのではないか。資本制社会の空間に奴隷制や農奴制を存続させるために、都市と都市「以前」の地域を区分し、後者を従属させるかたちで「内的連結」をはかる、そうしたシステムが理念的に切断されるからです。

## ◆時空間の尺度◆

**守田**　日常生活のなかでも、とにかく同じことを繰り返しですが、その繰り返しだからこそ、世の中に秩序があって保たれているというような世界観はあるかもしれないですね。今ある日常を繰り返していくからこそ、長い時間を生み出していくというような。それは、アラベスク模様に代表される幾何学の繰り返しの美学にも繋がっているのかもしれません。

**榑沼**　アラベスク模様のように反復のリズムは刻むけれども、そのリズムを無根拠に崩していくことを「進歩」とはしない。イスラーム世界ではムハンマドが預言者となったとき以来、例外的な歴史思想は別としても、基本としては歴史に大きな変化はないとされるわけですよね。

**守田**　今後、新たに預言者が現れないという点で、ないとされています。

**榑沼**　西暦でいうと7世紀以来ということになりますか。

**守田**　そうです。第一聖典としての『クルアーン』があり、第二聖典の『ハディース』があり、信仰や生活の規範の多くを、この両者が定めています。ムハンマドが預かった神の言葉を編纂したものが『クルアーン』だとすると、ムハンマドが日常生活の中で実際に行動したことや発した言葉を集成したものが『ハディース』です。基本は伝聞であったムハンマドの言行ですが、ムハンマドの死後、時間の経過とともに真偽の疑わしいものが広まっていきます。そうした状況を危惧し、学者たちが真偽を確かめ、記録に残す形で編纂されるようになりました。イスラームにあるいくつかの法学派によって時期に多少の違いはありますが、9世紀から11世紀ごろにかけて最終的にまとめられ、それ以上は新たなムハンマドの言行は追加されなくなりました。

**榑沼**　閉じるわけですね、そこで。反復と言ったほうがよいかもしれませんが。

**守田**　その通りです。ある行動の善し悪しを判断するのに、最初に依拠するのは『クルアーン』です。しかし、『クルアーン』に書かかれていない場合、どうすればよいのか。その時に、ムハンマドは神の言葉を直接聞いているから、おかしなことをするはずはない。したがって、ムハンマドの言行に準ずれば間違いは起こらない、という考え方のもと、イスラーム教徒は『ハディース』を生活の規範にしています。ただし、閉じるというと少し厄介です。「イジュティハードの門は閉じられた」かどうかという、『ハディース』完成ごろからイスラーム世界で大論争となった有名な問題です。特に法学の分野に絡む話ではあるのですが、近代化を推進し、その優越性を論じたい欧米の研究者にとって、イスラーム世界は『クルアーン』や『ハディース』により硬直した発展性のない世界であると、格好の攻撃材料としてきました。ハッラークによりこうした誤謬に満ちた言説は見事に覆されました（ワイール・ハッラーク『イジュティハードの門は閉じたのか――イスラーム法の歴史と理論』、奥田敦編訳、慶應義塾大学出版会、２００３年）。

少し具体的にお話ししますと、10世紀、11世紀、12世紀と時代が進むにつれ、技術は発展し、社会も複雑になり、『クルアーン』や『ハディース』では対応できない問題が出てきます。例えば、携帯電話は当時には存在しなかったものです。携帯電話を使うことは罪なのか、そうではないのか、『クルアーン』の教えに反するのか、反しないのか、ということは分からない。『クルアーン』に書かれていないわけですから。その場合、イスラームの法学者たちは『クルアーン』や『ハディース』をひたすら勉強し、さらに前例に沿って、新たな問題にどのように対応すればよいか、『クルアーン』や『ハディース』の新たな解釈を論理的に見出していく。イジュマー（合意）やキヤース（類推）という、簡単にいえば法解釈があります。時代や状況に応じ、過去の事例や社会通念的に不都合がないか照らし合わせながら、『クルアーン』や『ハディース』を読み替えていきます。その蓄積がイスラーム法になっていきます。そのため、ある意味ではイスラーム法は大変柔軟な法です。

**樽沼**　なるほど。例えば、イスラーム世界の根底にある「原子論的存在論」と、物質に人間が介入して核分裂を生じさせ、物質の力を増殖させる原子力テクノロジーは相性が悪いはずですが、法解釈が争点になるのですね……。

**守田**　原子力発電は、今、トルコは導入しようとしています。別の例ですが、イスラームの教えは食事制限が結構厳しいですよね。大人は自身で選択し実践しているから問題はありません。しかし、特に、イスラーム圏以外で子育てしているイスラーム教徒のご家庭が本当に大変です。日本で子育てをしていたインドネシアの友人の話ですが、子供にお菓子を買ってあげようとしても、そこに何が入っているのかがよく分からない。お菓子（クッキーなどの焼き菓子）の場合、一番難しいのが、マーガリンだそうです。バターであればウシの乳からできたものですので安全ですが、マーガリンですと植物性なのか動物性なのか判断できずに、あきらめざるを得ない。

本当に厳格に信仰を実践するとなると、駄目な場合が多々あります。ただ、先ほども言ったように、イスラーム法は柔軟で、解釈に幅があります。確か、ロンドンに住んでいる偉大な学者だったと思うのですが、彼はリベラルな感じで、現代の生活に即した法解釈を提示してくれているそうです。その人の法解釈によれば、『クルアーン』で禁止されたものであっても、お菓子の中に何が入っているのか頑張って調べてみたがわからない、あるいは子供が知らないで口に入れたものは、食べたとしても罪にならないと。法解釈に幅があるように、どの法解釈を自身に適用して日々の生活を送るのかも各自の裁量に任されている部分もあります。そのため友人は厳格な法解釈ではなくロンドンの学者の解釈に準拠することで、加工食品の中に何が入っているかを完全には把握できないし、自分たちでは制御できるものでもないので、ある程度は致し方ないとして日本で生活していました。

**樽沼**　不可抗力だと。

**守田**　不可抗力だし、食べ物は生死にかかわることですから。友人の日本での生活を見ていると、自主選択しながら結構、上手に快適に生活していましたね。もちろん、インドネシアではそもそも口にしてはならない食品は出回らないので、その意味ではストレスは多かったと思いますが。ただ、ここで言いたいのは、実際には解釈は分かれていても、それのどちらが良い・悪い、ではないということです。彼らにとっては、『クルアーン』や『ハディース』という原点から出発していることが重要なのです。その解釈の途中で当然、論争はあるかもしれないですが、論争の中で決着がつけばその結果に従うし、論争中であれば、本人がどの説を強く信じるかという自己責任の中で、緩やかに暮らしているのです。

その友人自身は大変厳格なイスラーム教徒で、決してお酒は飲まないですし、日に5回の礼拝はできる限り実行していました。調査中でも夜明け前に起き出して、私達を起こさないように気遣って朝の礼拝をホテルの部屋の中でしていました。ただ、神奈川での子育てという特殊な状況下では、その生活状況に上手に適合する解を見つけてきて、自分を納得させせながら生活していました。

そういう状況を見ていたときに、なんで我々日本人はこんなに宗教というものを消しながら、都市や生活の場をつくっているのだろうか、と思います。もっと、宗教的な場が身近にあってはいけないのだろうか、とつくづく考えさせられました。

**樗沼**　近代の政治システムの政教分離の原則は、ヨーロッパが脱中世していく道具立てだったでしょうし、さらに日本では明治の近代化から第二次世界大戦に大敗するまで、天皇を神格化して政治・軍事活用したことに対する反省もありましたよね。ただ、宗教というものを建前で遠ざけていると、どうもその遠ざけているものがグロテスクな政教癒着として回帰してくるのではないか。こうした回帰現象は日本だけのことではないし、1930～40年代にも現在にも反復されている。前者は悲劇として、そして現在は悲喜劇として。

2001年以後はイスラームというと「原理主義」のテロリズムばかり話題になってしまいましたが、アメリカ合衆国の軍事的覇権に支えられた新自由主義的金融資本主義が、社会の経済格差を異常に拡大しているほか、無際限な経済競争の暴力が地球環境の悪化と世界的な気候変動を生じさせているという自覚が深まるにつれて、現在支配的な世界システムとは別の、オルタナティヴを求める気運が再び高まっていく可能性がありますよね。ウォール街を占拠する社会運動も記憶に新しいですし、近年の若い世代の環境意識の昂揚も（日本は別として）世界的に目覚ましい。合衆国の若者のなかに再び社会主義が広まっていて、パリ・コミューン（1871年）のあとに作られた曲「インターナショナル」が流行しているという報道を耳にして驚きました。「原理主義」に吸収されるヨーロッパの若者の増加もよく言われるところですが、そうではなく、社会における宗教の存在様態の見直しふくめ、世界史的意義をもつイスラーム世界の原理を、もっと非イスラーム世界でも探る気運が高まってくるのでは。

**守田**　学問として見ていこうとすると、違いや特徴を強調することになるのでしょうが、普通に生活している人たちと付き合いをしている立場からすると、そこまでイスラームを特別視する気はありません。しかし、現状、一部のイスラーム原理主義者がテロなどを起こしそれに反撃するアメリカがいて、その負の連鎖が続いています。多くの善良なイスラーム教徒ではなく、イスラームを語るのは迷惑だと感じていますし、それをわかっている私としては、イスラーム≠テロを強く主張していかなければなりません。そのためには、逆説的ですけど、「イスラーム」の特徴を述べなければならない。その結果、前後の文脈を無視して「イスラーム」という言葉と懸念事項だけが伝達する側に残り、誤解の増長に繋がってしまうのではないかという、ジレンマを感じるときはあります。

トルコに行くのは危なくないですか、とよく聞かれます。個人的には、そもそも危険だという認識は無いので、驚かされます。ニュースで空爆などが報道されたときに、その場所をよく確認してみてください、と思います。例えば自分が東京に住んでいたとして、北海道の先の択捉で何か起きたときに、危ないからもう東京には住めませんと言いますか、と同じ状況だと思います。イスラーム圏の国に行くとどうなのという風潮を感じますが、そんなに特別なことではないと思います。ただ、その特別ではないということを、現状、言わなければいけません。

やはり、イスラームというものは日本人の感覚でいえば、オルタナティヴに、普通に、ごく自然に、誰もが選択可能にあるものである、というところからはかなり遠いと感じますね。それは、すごく勿体ないと思います。今回の対談ではイスラームを主軸に置いていますが、自身の横に仏教があってもいいし、キリスト教があってもいいし、ユダヤ教があってもいいと思います。この点でひとつ、無宗教国家になってしまった日本で問題になっていることがあります。檀家が激減し、お寺の維持が困難となり、廃寺が多くなってきています。廃寺だけで済めばよいのですが、その次に起こるのが、廃寺周辺の地域のコミュニティーどうするのか、廃寺の敷地をどうするのか、そこの再編どうするのか、非常に大きな問題になっています。

行きつくところまで行きつき、宗教とそれに付随する時空間が整理され、淘汰されてしまえばいいのかもしれないですけれど、果たして本当に、我々はそういう世界を創造しうるのか。仏教がない日本というものを、仏教的世界観を一切なくしてしまう世界を創造しうるのか。身近にお寺があり、境内があり、その周囲に墓地があったかつての日本に対し、穢れを隔離していく（明治以降から始まる、墓地の規制）、宗教性を隔離していく都市をつくり上げていって果たして何が残るのか、という疑問は残ります。

こうした現状に対し、今更ながら地域コミュニティーをどう維持するのか、悩んでいる。自分たちでつくり出した問題を肥大化させているのに、今になって、その火消しに躍起になっている、そうした状況をよく目にしますよね。

**檜沼**　イスラーム世界では『クルアーン』、『ハディース』に立ち返る。法解釈の融通さはあっても、基本あっての法解釈なので、千年以上さかのぼって、そこに立ち返っていく。確かに不自由ですが、千年を視野に収めることもできる記録がある。そうした感覚がないと、今の日本が典型のように、自分たちがどのような時空を生きているか、どんどん軸を失ってしまう。どんどん記憶喪失になっていくというか、生きている歴史のパースペクティヴを、すごく短くしているように感じます。

**守田**　そうですね。文字どおりの記録の技術は、すごい速度で発展していますけど……。なんだろうな、都市を生きていくということは同時に誰かと一緒に共同体を形成していくことだし、共同体を形成して住んでいくことはその場をつくっていくということなのですけど、この指針が何になるのかなという問いですかね。宗教を主軸に置く必要はないとは思いますが、排除の方向は危険だと思います。

### ◆共同体の問い◆

**檜沼**　共同体ということでは、ダッカにあるバングラデシュ国会議事堂（着工１９６１年～竣工１９８３年）も気になります。最初はルイス・カーン（１９０１～

１９７４）の設計ということで興味を持ちました。ユダヤ系のカーンがイスラーム世界のバングラデシュに、しかも国会議事堂の設計を担当したのですから、それだけでも驚くべきことです。また、以前にカーン設計のソーク生物学研究所やキンベル美術館を訪ねたとき、そこにいる人びと、存在たちが光と影、そして流れる水を共有するのを見て、地球に立てた建築というエコロジカルな性格を強く感じることができました（榑沼範久「知覚と生（４）――建築の生態学（１）」、『SITE ZERO/ZERO SITE』no.3、メディア・デザイン研究所、２０１０年、３２４～３５３頁；「生態学的建築をめざして――建築とギブソンの生態学」『思想』no.1045、２０１１年5月、77～１０７頁）。残念ながらバングラデシュ国会議事堂にはまだ行ったことがないのですが、ガンジス川、ブラマプトラ川などが入りくんで海に注ぐまえのデルタ地帯に存在するこの場所で、もしかしたら自分の知らない「共同体」を発見することができるのではないかと夢見ます。ルイス・カーンの息子のナサニエル・カーンが監督した映画『マイ・アーキテクト』（２００３）の最後の舞台も、このバングラデシュ国会議事堂でした。

映画を観てまず驚いたのは、国会議事堂のまえの広場でたくさんの人びとが体操しているんですよ。男性ばかりだったかもしれませんが、ナサニエルが何人かに話しかけていて、この国会議事堂を誰が設計して建てたか知っていますかと尋ねたら、自分たちは労働者だけれど、ここはとても良い場所で、自分たちの国のイメージだと語りながら、建築家は誰だったかな……ルイス・ファラカーンと応えたりして、いや、ルイス・ファラカーンではなく、ルイス・カーンとナサニエルが言ったら、ああ、ルイス・カーン！というように、名前を知っているんですよね。ソーク生物学研究所の中庭のデザインをカーンに助言したメキシコの建築家ルイス・バラガンと名前がこんがらがって、ルイス・ファラカーンと言ったのか判りませんが。そしてナサニエルが自分はカーンの息子だと自己紹介したら、本当に嬉しそうに歓迎して、ここは自分たちの誇りだと。

バングラデシュの国旗の緑を白にすると日本の国旗、日本の国旗の白を緑にするとバングラデシュの国旗、少し丸の位置は違いますが、その国旗が国会議事堂前の広場で掲揚され、ラッパの音が響くのですが、国会議事堂の建物と広場のあいだに門とか壁がない。広場で人びとが体操しているだけでなく、建物のまわりの水辺をカヌーで進んでいる人がいたり、国会議事堂の建物の上に青年が立って、広場を見下ろしたりしている。壁も柵もないし、危険とか立ち入り禁止とか書かれた看板もない。実際にはセキュリティ管理もあるだろうし、そもそも大英帝国の植民地になったり、パキスタンからの独立戦争で荒廃したり、最貧国のひとつに転落したり、軍事政権や汚職に苦しんだ時代もあるでしょうが、『マイ・アーキテクト』を観ていると何だか朗らかなんですよね。

**守田**　あそこはいいところですね。私もそれこそ『マイ・アーキテクト』の映像や図面しか見てないですけど、あの感じはいいですよね。デルタのすぐそばに建っていて。本当にデルタの水面のすぐ脇に建っているから、柵も要らない。

**樽沼**　議事堂のなかにカメラが入ると、外壁と内壁が入れ子になっていたり、天上から光が射して、光と影が複雑に織り成されたり、人びとの声がどこからか反響して聴こえてくる。カーンと共同で建造に携わったバングラデシュの建築家が笑顔で登場し、ナサニエルが映画の最後の10分をこの建物に充てると言ったら、まったく信じられないと厳しい顔に変わり、10分ではこの建築をとらえることはできないと、涙ながらにナサニエルを叱るんです。ルイス・カーンは命をかけて、我々にデモクラシーを与えてくれたんだ、この世界で最も貧しい国の一つであるこのバングラデシュに、私財をなげうって（実際のところ、ほとんど破産していたらしいんですけども）、タージ・マハールより長い年月をかけて、カーンが亡くなったあとも、バングラデシュのたくさんの民衆で資材を運んで完成させた、そういう国会議事堂なんだと。何十年たってもカーンへの思いと建物への思いが湧き上がってくる。そしてアザーンなのか私には分からなかったですが、外光が薄暮の建築内に射しこんでいて、影と光の交錯する床に人びとが座して、歌うように祈りを捧げ、その祈りの声が国会議事堂に響き渡る。映画として不十分なところもあるでしょうが、『マイ・アーキテクト』はこうした「共同体」をやはり画面と音声に定着していると感じました。

**守田**　なんでしょうね、あの不思議な感覚は。国のありようなのかな。その点、我々の場合、国会議事堂がつぶれると基本的に日本が立ち行かなくなる。我々の心臓になってしまっている。

しかし、本当はそうでもない。日本は民主主義なので、国会議事堂は国民の意見を代弁してくれる人たちが集まって、我々がなんとなく上手に生活していくための調整の場であって、彼らがいなければ我々が生活できないとか、生きていけないはずではない。我々はどう生きていきたいか、どう生きるべきかみたいなことは、本当は、各々が持っていなければいけないのですけど、いつの間にか逆転現象が起きてしまっていますね。

**椨沼**　映画を観ているうちに、ああ、なんと他の国の国会議事堂は遅れているのだろうと感じてしまいました。公私や真偽を倒錯させた政治家や官僚たちを見ていると、なおさらなのか。過度にユートピア化をしようとは思いませんが、少なくともこの場所には、日本を含めて達成していない空間があるのではないか。しかもそれがデモクラシーとして語られるような、本当は親しいはずのものだというねじれ。不自由で平等な民主主義と、不平等に自由な非民主主義の対比でしょうか。

有名な建築家が設計しているかどうかの問題ではないですよね。建築家なしの建築でも良いのです。自分の作品と受賞を優先している建築家なんて、我々にとっては害悪でしかない。建築にはたくさんの職能の人びとが関与するにもかかわらず、なぜか建築デザイナーだけが建築家の名を占有している。でも、ふと日本の国会議事堂のことを自分は知らないと反省しました。ひとまずインターネットで検索してWikipediaを見たのですが（2019年11月24日閲覧）、日本の国会議事堂が竣工したのは1936年、二・二六事件の年なのですね、帝国議会議事堂として。軍事独裁体制のもとで、ナチス・ドイツを模したような大げさでいかめしい竣工式の写真がありました。もうひとつWikipediaに載っていた写真は1946年の敗戦直後の国会議事堂前の写真で、壮麗な軍服を着た軍人や政治家も警備員も写っておらず、門も柵もなく、誰だか自分には判らないのですが、畑を耕している人たちがいるんですよ。これがもしかすると、今の日本の国会議事堂が最も日常生活に近づいた瞬間だったりするのでしょうか。とにかくバングラデシュ国会議事堂は、これからの「共同体」のありかたについても、いろいろ考えさせてくれると思いました。

**守田**　平等とか、分け合うという話をするのが、最近は非常に難しくなってきていて。例えば、日本にもかつて存在していた入会地のような共有とか、共同所有でもよいのですが、誰のものでもない空地を許容しうるかという問題ですよね。都市をつくるところに、都市だから大地がなかったらまずつくれないのですが、その大地の有様の考え方ですよね。

日本にしろ何処にしろ、宗教的かどうかは別にしても、地域共同体の所有する土地はあったわけです。誰のものでもないけど誰でも使えるような土地があって、そこが地域の生活の調整役を果たしてきました。しかし、土地が持つ役割や意味が現代では大きく変わってしまい、きれいに切り分けされて、逆に誰のものでもない土地は不気味で恐ろしくてどうしようもなくなってしまった。気持ち悪いから、とにかく線引きして、所有者をはっきりさせて、色塗りしなければいけなくなってきている。

その現状に対し、建築の設計の方々でも少し前から、土地にまつわるような共同性（コモンズ）を現代にどうにか蘇らせることはできないかという議論が盛んになってきています。人間の付き合い方の関係性だけなのか、その関係性には場を伴ってないとなかなか実行力がないから、誰かのものなのだけど、誰のものでもないような空間をどうやって生み出していくのか。もちろん、榑沼先生もよくご存じだと思いますけど、そういう議論を踏まえて、所有者不在の土地（＝空間）は確かに必要だとは思いますが、現代においてどういうやり方がありますかね。

**榑沼**　つまりその宗教性、超越性がないところで、それが果たしてどう可能なのかという問いですね。

**守田**　その通りです。かつては、イスラームは宗教の教えから発生した部分として、所有者不在（神の所有）の土地を利用するシステムが出来上がっていましたし、日本でも、社寺が所有していた土地も当然ありますし、地域の共同体が合意の下につくり上げていた場みたいなものもありました。日本のいわゆるアジール的空間に関しては、先ほど話題に出てきた網野氏の研究がありますが（網野義彦『〔増補〕無縁・公界・楽』、平凡社ライブラリー、１９９６年）、全く同じとまでは言わないまでも、そうした「場」や「空間」を果たしてもう1回、取り戻せるのでしょうか、我々は。

**樽沼**　日本を考えるなら皇室の新しい可能性を探すことも、ひとつとしてあると思います。皇室や天皇制というだけで過剰に反対したり、逆に過剰に顕揚したり、そうした無理をするのではなく、日常生活のなかにうまく溶けこむことができれば。あるいは、原子力発電所の通常運転で出る放射性物質のみならず、メルトダウンでも生じてしまった放射態汚染。これは原子力発電に賛成だろうと反対だろうと、共通して直面しなければいけないことなので、国会議事堂、首相官邸、関係官庁等は移動して、放射性物質の実在に最接近した場所に新首都をつくることが、日本と世界のためになる。

**守田**　いいですね。私も結構、賛成派というか、態度としてあるべき方向でやっていったほうがいいとは思いますけどね。

**樽沼**　ベタですが、やはり現場で考えて話し合うのは、あらためてとても大事です。これまでとは違うことを考えざるを得なくなる。制約がないところでなんでもできるというのではなく、先ほどの『ハディース』にしても、制約がある中でどういうふうに生きていくかというところに知恵が生まれると思います。

**守田**　アカデミズムの立場にいるものとして、人間個人としての何かを知りたい、何かを把握したいという飽くなき欲望は肯定せざるを得ませんが、結局は把握する、理解するということは、そこにラベルを付けたりすることですよね。一方で、手に付かない、何かあやふやな状態のものがあってもいいではないかと言うのは、その辺りはなかなか、どちらがいい、悪いじゃないですけど、あらためて言い始めると自己矛盾していると思います。

**樽沼**　肯定的に捉えれば、自己矛盾するだけ引き出しがあると考えたほうがよいのでは。

**守田**　あ、いいですね、少し救われました。

**樽沼**　イスラーム世界が広がっていくときも、違った文化圏、宗教圏、生活圏のなかにイスラームを浸透させるなかで、いろいろな矛盾とその「解決」があったでしょうし、その意味でイスタンブール／コンスタンティノープルのハギア・ソフィアやグラナダのアルハンブラ宮殿は面白いです。

**守田**　後発のイスラームは新天地を征服した時に色々と再利用していますよね。その点でいうと、考え方や信仰は違うのでしょうけど、すごいものにはただひたすらに感動する、これは壊して造るのは大変だろうなっていう、人間の根底にある初源的な感情は共通していたのだと思います。日本でも王朝が変わろうが、建て替えが多いですけどその形を維持しながら残すものは残し続けていますし、共通する感覚は当然あったと思います。

その共通感覚はある意味で話の最初の方に出てきた超越的というか、何かしら成文化されたものでもないし、ルール化されたものでもない。そういう超越的な次元のなかで、あるものはたまたま残されてきて、それはそこまで培った時間なり記憶なりを圧縮しながら蓄積し表出してくれる。それを中心にまた人が集まって、住む空間、生活する空間が出来上がって、それがどんどん発展していくことで、都市にもなっていくし、あるいは都市が消滅せずに続いていくのだと思います。何か大きなものが1個崩れたところは大概、廃虚になっていますし、廃虚はなかなか復活されないですよね。

だから、全部が全部を把握し規律を定めて超越的なものを排除し、全てを説明可能な事象で社会を回していく、あるいは都市をつくるのではない在り方、つくり方、そういう、半分は無責任かもしれないですけど、そこに興味というか、面白さがあるのではないでしょうか。あるいは、言葉にはし難いのですけど、「人間の理性を信じて生きていく」みたいな、ある超越的なよく分からないものがよく分からないものとしての、例えば私と樽沼先生に共通の認識があって、それをどうしていこうか、守っていこうか、残していこうか、それを各自どうしていこうか、というところから話が始まっていく都市の有様や、街の有様があってもいいのかなと思います。

## 【後記】地中海世界のヴェネツィア……………………樽沼範久

真夏の熱く渇いたバルセロナでのように、地中海に身を潜らせたのではない。だが、色々な海の「集合体」である地中海、「過去の生活において存在する最大の資料」（フェルナン・ブローデル『地中海I 環境の役割』［第二版、１９６６］、浜名優美訳、藤原書店、１９９１年、15～16頁）である地中海が、意識せぬまま肉体に侵入していたことを、湿潤した晩秋の夜のヴェネツィアで知った。

ヴェネツィアは東ローマ帝国（ビザンツ帝国）の体制下でも自治権を獲得し、強健なイスラームに抵抗しつつ交易を続け、ペルシャ湾や紅海から地中海東岸とヨーロッパを結ぶ、陸路と海路の交易の覇者となった。覇権は後に移動するが、フランスのナポレオン軍の侵攻によって解体されるまで、度重なるペスト菌の感染とも闘いながら、7世紀末から18世紀末まで千年以上続いた世界最長の共和国の地でもある。

共和国崩壊の十年あまり前にヴェネツィアを訪れたゲーテは、ヴェロネーゼやティツァーノなどヴェネツィア派の「明朗な」絵画を鑑賞し、レデントーレ教会などパラーディオの建築を批評し、塩気で肥大した強靭な海浜の植物を観察し、「不幸にも網にかかった海の生息者」が並ぶ魚市場を愉しみ、レパントの海戦の勝利を記念する祝典に赴き、劇場で喜劇やオペラや仮面即興劇を楽しんだ。しかし何よりゲーテに「迫り来ったもの」は、この独特な都市の構造を地政学的「必然」として創り出した「民衆」の活動だった（ゲーテ『イタリア紀行』［１８１７］、相良守峯訳、岩波文庫、１９４２年、上１１０～１６８頁）。

このヴェネツィアはもはや「通俗的な観光地」にすぎず、「すでに昔に完成して、朽ちることだけが未来であるような感じを与える」ことだろう（下村寅太郎『ヨーロッパ遍歴 聖堂・画廊・広場』未来社、１９６１年、２８７～２８８頁）。すでにリルケの『マルテの手記』（1910）も、観光都市ヴェネツィアの虚構性を記していた。とはいえ、気候変動で更なる海面上昇に脅かされるこの都市は、浸蝕する海水の実在に「いつか敗北する運命にあるという意識」を忘却することなく（須賀敦子『時のかけらたち』青土社、1998年、33頁）、意志と実在の世界に「堅く縛りつけられた」都市でもある（リルケ『マルテの手記』［1910］、大山定一訳、新潮文庫、1953／2001年、302頁）。

ある一日の凡庸だが忘れられない経験——地中海が肉体に侵入する経験——を20世紀末の私に運んだのも、ヴェネツィアのこの構造による。それは——イスラーム都市のようなアッラーの存在と法にではなく——浸蝕してくる地球の実在に千年以上も直面しながら、モザイクのように海と（無数の杭を潟（ラグーナ）に打ちこんだ）陸を組み合わせ続けてきた活動の結果だ。

マルコ・ポーロ国際空港に降り立ったあと、ヴェネツィア本島まで水上バスに乗り、さらに大運河（カナル・グランデ）を進み、レアルト橋をくぐり、サン・マルコ広場の船着場で降りた。なるほどサン・マルコ寺院は「ビザンツ的」で、「オリエンタル」で「半ばモスクに似ている」（下村『ヨーロッパ遍歴』、281頁）。広場の賑わいから離れ、平坦な舗道をジグザグに歩き、小さな橋を渡り、宿屋に荷物を置いて、イスラーム都市にも類似する迷宮のような街を歩き回った。途中、また水上バスに乗ってヴェネツィア国際映画祭が開かれるリド島に着き、無人の浜辺で流木を拾った。ヴェネツィア・ビエンナーレ国際美術展——旧造船場・海軍工廠と公園を会場に、ヴェネツィアの再興を期して19世紀末に始まった——では、破局と（「ヒロシマ」の廃墟からの）蘇生を主題とする宮島達男の《MEGA DEATH》《柿の木プロジェクト》に遭遇した。

黄昏時を過ぎ、もはや場所も憶い出せないバールでワインを呑み、宿屋にたどり着いて、ベッドに身を横たえた。現代の都市では経験したことのない沈黙が、空間を支配していた。自動車の音も波の音も聴こえない。海は都市のなかに取り囲まれている。観光客の声も運河の海水や、湿潤した空気に吸収されるのか。横たわった肉体だけが緩やかに揺れていた。ルフェーヴルが論考「地中海都市のリズム分析の試み」（1986）で記したように、ヴェネツィアは沈黙と喧噪が等価である地中海都市の典型であることを実感する。ここでは国家政治よりも都市固有のリズムが人間の身体を占め、そしてその身体が都市空間を占めるのだ（Lefebvre, *Rhythmanalysis*, p.102）。

なるほど地中海世界はブローデルも強調するように、山地も平野も砂漠も組みこむ世界である。地中海のなかのアドリア海の最奥部の湾の潟（ラグーナ）に存在するヴェネツィアでは、「海との結婚」の祝祭が5月に催されるが、歴史的に言っても海にすべてを賭けた都市ではない（カール・シュミット『陸と海——世界史的な考察』［1942］、中山元訳、日経BP社、2018年、56～62頁）。都市の構造からも陸と海は**混ぜ合わされる**のではなく**切り分けられ**、柔らかなモザイクのように組み合わせられている。

しかしそれだけに、意識されることなく昼間から海の律動は肉体に侵入し、肉体は海のものにされてしまうのだ。混じり合っているとすれば、それはビザンツとイスラームだろう。このヴェネツィアが地球には今も存在している。

# 5 ユートピアかディストピアか
## ――アーリで読む都市の未来

【提起】 大塚彩美「未来に到達してしまった？」

【対談】 大塚彩美 + 吉原直樹

【後記】 吉原直樹「最も起こりそうにない都市の未来のために」

ジョン・アーリ『〈未来像〉の未来』（2019）

## 【提起】未来に到達してしまった?……大塚彩美

アーリは、私もその翻訳に関わった遺著『〈未来像〉の未来――未来の予測と創造の社会学』(［2016］吉原直樹、高橋雅也、大塚彩美訳、作品社、2019年)を「未来はやって来ている(The future has arrived)」という章題で始めている。確かに映画『バック・トゥーザ・フューチャー』(1985)で描かれた30年後の未来が2015年10月だったことを思えば、アーリの言葉に頷く人も多いかもしれない。個人的には、この本が刊行された2016年当時を思い返すと、未来への道筋でいうと7、8合目といった感覚で、未来に到達した感はなかった。しかし2020年が明けた今、私は「未来に完全に到達してしまった」という重い感覚に覆われている。

1980年代を通して「持続可能な開発／発展」という概念に世界が向き合いはじめ、1989年の冷戦終結・ベルリンの壁の崩壊を経て、環境分野に身を置く者にとっては伝説的なリオ・サミットが行われたのは1992年のことであった。引き続き個人的な話になるが、私はちょうどその頃、大学の学部生として「持続可能な開発／発展」について学んでいた。2020年といえば、世界が大きく動いた1990年前後から30年後にあたる。2020年を迎え、突如として、その頃見据えていた「未来」はまさに2020(トゥエンティトゥエンティ)年の世界だったことが蘇ってきたのだ。

その学びの中で描かれた未来は、間違いなく希望的だった。大学を卒業する頃には、冷戦の終わりとともに紛争があちこちで起き、世界が徐々に混迷に向かっている様相も見え始めていたが、それでも、本格的に離陸したばかりのグローバリゼーションがきっと世界を良い方へ導いてくれる、そんな感覚があった。

だが残念なことに、今、私たちが「到達した未来」に1990年前後の希望的な雰囲気はない。「人新世」と呼ばれる新しい地質年代に入ったともいわれるように、私たちは「グレートアクセラレーション(Great Acceleration)」の時代、すなわち20世紀後半以降、人口からエネルギー消費量、交通量、水の使用量、観光を含めた国際的な移動等の人間活動によるあらゆる経済指標の幾何級数的な増大が、結果として二酸化炭素や窒素酸化物等の環境中への排出、また生物多様性の喪失など地球システムへの負荷も同じく幾何級数的に増大させ、それが地球的な危機を招きつつある時代を生きている。そしてまた、グローバリゼーションが国家の弱体化を通して、耐えがたいほどに格差が広がる世界を創造しようとは、誰が想像しえただろう。２０２０年という未来に到達して思うのは、あの頃の自分と同じ年頃の学生たちが、あの頃の自分が漠然と感じていた希望ではなく、格差や激甚災害など大きな不安の中で生きざるを得ないことに対する責任感、罪悪感、そして無力感から来る重みである。

経済的な格差の拡大は、常に人々を都市へと向かわせる。国際的にも、貧しい国の人々は、より発展した国を目指し、多くの場合、都市にたどり着く。アーリがこの本を出した２０１６年時点ですでに約55％だった都市化率は２０３０年には60％まで進み、人口が1千万人超のメガシティの数も31から２０３０年には41都市まで増えるとされる（国際連合，*The World's Cities in 2016 Data booklet*, 2016）。また、都市化は東南アジアやアフリカで顕著な一方で、先進工業国の都市では人口減少も予期されており、それは翻って新たな人の移動や交通問題を誘発することになるだろう。このような都市の課題は一体どのような未来をもたらすのだろうか。その未来は、私たちに持続可能な社会を約束するユートピアなのか、はたまた絶望がうごめくディストピアなのだろうか。

アーリは、*Sociology of the Future: Theory, Cases and Annotated Bibliography*（『未来の社会学——理論、事例および文献解題』）［１９７１］の編者ウェンデル・ベルに依拠して「起こりそうな未来」「実現可能な未来」「望ましい未来」という3つの未来像を提示し、それぞれを区別することの必要性を説いている。そして、「望ましい未来」というのはもっとも起こりえないかもしれないとも。それは、たとえ「実現可能な未来」が「望ましい未来」であると社会の広範な合意が得られたとしても実現される保証はない、という。

では誰が未来を我が物にしているのか。5G通信、AI、IoT（Internet of Things）、自動運転、それらをつなぎ全体最適化するソサエティ5.0やスマートシティ構想といったパフォーマティブな力が働く中で、私たちはどうしたら自らが目指す「望ましい未来」を見極め、それを「実現可能な未来」とシンクロさせ、実現することができるのか。それとも、アーリがいうように、気候変動による破局か、グローバルな景気後退によってかろうじて望ましい未来がもたらされるのをただ無力に待つか、あるいはこのまま「起こりそうな未来」を受け入れるしかないのだろうか。

## 【対談】ユートピアかディストピアか――アーリで読む都市の未来……………大塚彩美＋吉原直樹

**吉原**　これから、都市の未来について「ユートピアかディストピアか」というテーマの下に対談を行いたいと思います。そこでまず都市というものをどういうふうに考えるのかについて一言述べておきます。

ここでは、都市を移動、すなわちヒト、モノ、カネ、情報の移動に関わらせて考えてみます。そうすると、特に近代の移動に限定した場合、さしあたりオートモビリティが移動の中心に位置するのではないかと思います。いうまでもなく、オートモビリティはエネルギーのありよう、エネルギーの移り変わりと密接に関連しております。

それとともに移動という場合に、都市は単に移動する場というだけでなく、移動をある意味で組織する役割を担っています。特に近年、都市のブランド性ということがいわれておりますが、そういうブランド性を考える場合、移動の組織者としての都市の役割が非常に重要になってきます。

さしあたり、以上のようなことをゆるやかに意識しながら、問題提起にあるようにアーリの遺著『〈未来像〉の未来』（特に第7章および第8章）に即して、議論をすすめていきたいと思います。

### ◆オートモビリティとオートピア◆

**吉原**　まず、オートモビリティが近代においてどういう意味を持っていたのかについて考えてみたいと思います。

ウォーレンとカーは、自動車がつくり出したモビリティであるオートモビリティは、近代においてユートピアと結びついてオートピアをもたらした、と言っています。そのオートピアが人々に対してもたらしたインパクトは、モバイルは非常に自由で可動的であり、そしてまさにカーがそういうフットルースで軽やかなものを人々に与え、それが近代の生活の喜びを表わすことになったことです。オートピアはまさに、20世紀のオートモビリティの時代を表象し、しかもそれを高らかに賛美するようなものとしてあったといえます。

**大塚**　私の年代からいくと、車はやはり地位と結びついているといいますか、家で車が買えるというのは大変喜ばしいことで、小さいころに新車が来た！と家族みんなで大喜びをしてドライブに行ったというような記憶があります。そういう意味ではユートピア、1つの生活の喜びという側面は非常に大きかったのではないかと思います。

**吉原**　オートピアは石油を動力源とするカーシステムが持っているある種の可能性に、人々が夢を託したということなんでしょうね。だから、大塚さんがいま言われたように、オートモビリティは個人消費の重要なアイテムとなったわけです。消費の拡大とともに高まっていった地位とかスピードとかセキュリティへの欲求、そして何よりも達成感。何事にも代えがたい住まいのようなものになった。そういうライフスタイルとともに広がった。そこでは、オートモビリティの、あくまでも光の部分が強調されました。そして非常に視覚的なイコンとしてもありました。

ちなみに、移動との関連で旅について考えてみますと、オートモビリティの時代になって、旅の中身が随分変わりました。昔、旅をするというのは一種の苦行でありました。それ自体、日常から非日常へと旅出つことを意味し、ある種の苦難に出くわすことでもあった。しかしオートモビリティの時代になると、旅が喜びと可能性を秘めた日常的なものになった。そういった旅＝移動をもたらしたオートモビリティが、人々にとってオートピアの現実態と映じたのです。

**大塚**　確かに同じ車の旅でも徐々にステレオがついて、エアコンがついて、ガソリンの質も上がって、それによって車酔いも減り……と、随分快適なものになりましたね。

## ◆オートモビリティの「意図せざる結果」◆

**吉原**　ところがそういうオートモビリティの時代、つまりユーティリティやアメニティを全面的にうたい上げるオートピアの時代にオートモビリティの負の部分が忍び寄っていました。考えてみれば、オートモビリティはそうした負の部分＝危険性を外に追いやること、つまり外部化することによって成り立っていたわけですね

**大塚**　オートモビリティを車の数としてみると、最初は１９２０年代のＴ型フォードの台頭が、今の大量生産大量消費のライフスタイルを生み出し、基本的にはＧＤＰの伸びとともに車の台数も増えていったわけですね。世界での四輪車保有台数は日本自動車工業会（http://www.jama.or.jp/world/world/index.html）によれば２０１７年で約13・8億台に上ります。先進国ではのきなみピークカーを迎えつつあるように見えますが、今も年間９７００万台が生産されており、中国を中心として車の需要はまだまだ伸びると予測されています。個人的には、$CO_2$（二酸化炭素）やＳ$O_x$（硫黄酸化物）、Ｎ$O_x$（窒素酸化物）、エネルギー消費などの異常なまでの爆発的増大、グレートアクセラレーションが起こったのは、実はこのオートモビリティによるところが大きいのではないかと思っています。

**吉原**　そうですね。近代の進展とともに、オートモビリティの光の部分がどんどん大きくなったが、実はその背後でオートモビリティの危険性も高まることになります。しかしそうした危険性は外部化され、人々や社会自体がそれを認識するようになるのはずっと後になってからのことですね。

　ところでオートモビリティは、もともと郊外化の進展とともに広がっています。郊外化は、当初は路面電車が

いざなった。しかしながらオートモビリティがどんどん広がっていく中で、路面電車が郊外化から退くようになります。そうした事態を強力に誘ったのがいわゆるカーボン資本です。ご存知のように、アメリカでは1930年代のニューディール期にハイウェイシステムが整備されますが、そのときにカーボン資本と連邦主導のハイウェイ建設計画とが見事に共振するわけです。ちょうどフォードが出てくるのが1910年代から20年代ですが、大量生産が可能になったカーとオイルと郊外（住宅）のコンプレックス、すなわち今日でいうカーボンウェブの原型が30年代にできあがり、大規模な郊外化が促されることになりました。だからこそ、オートモビリティの進展のなかでカーとオイルと郊外がどう結びついたのかを見ておく必要があります。

**大塚**　はい、もう少し具体的に教えてください。

**吉原**　ここで特に指摘したいのは、今日の大都市化の起点をなす郊外化の輪郭がオートモビリティの時代につくり出されたのですが、そこにはカーボン資本として括られる諸セクターの協調／協働体制、平たくいうと、諸利害（ステーク）のすりあわせがみられたことです。それはフォーディズムの時代の特徴でもありますが、そのようなフォーディズムに支えられたオートモビリティの時代もやがて壁にぶつかるようになります。それとともにポストオートピアの時代を迎えるようになります。

アーリに倣っていうと、それはオートモビリティの「意図せざる結果」ですが、一つ目は、交通インフラの整備を優先させるあまり、アメニティそのものが失われてしまいます。環境汚染、交通事故、都市へのアクセスする権利が制約されてしまうという事態が進み、そういう中で、都市の移動やそれに伴ってできるスケープに大きな歪みが生じます。

さらにオートモビリティによって都市の活力が増大していくと、結果的に活力そのものの基盤が不安定化します。オートモビリティを根底から支えているのは石油供給ですが、石油市場が過度に金融化してしまうと、石油価格の乱高下が避けられなくなります。

オートモビリティは石油をいつでも簡単に入手できるということが前提になっていますが、そういう入手可能性が見込めなくなると、きわめて不安定化してしまいます。だから、オートモビリティによってたしかに都市の活力が生み出されはしたが、同時に活力の基盤そのものが揺らぐという事態もみられるようになるのです。

**大塚**　まさに失われたアメニティの最初に挙げられている部分ですね。いわゆる一般の生活者の車による移動だけではなく、生産する場の工業都市と、そこでつくられたものを消費する大都市に運ぶというような産業的な手段としての物流の両面から環境汚染の問題は本当に深刻なものになったと思います。

それから、交通事故の増加も大きな問題ですね。今、私が講義で扱っている持続可能な開発目標（ＳＤＧｓ）の中に、交通事故死を減らすという目標があるんですが、車の数は開発途上国のほうが圧倒的に少ないにもかかわらず、交通事故率は途上国の方が高いと学生たちが驚くわけです。人の規範とか規制のルールというものがまだ十分に形成されていない段階でオートモビリティが突然アメニティを与えるものとして出てくると、人々、車を持てる人がまだ少数派の場合は特に、車を持つことが地位や権力と結びついて「意図せざる結果」、ここでは高い交通事故率として表れてしまうのだろうと感じます。

## ◆ポストオートモビリティ時代における「意図せざる結果」のガバナンスの不在◆

**吉原**　オートモビリティの「意図せざる結果」が強く認識されるようになったのは、カーシステムそのものの裂け目というか、デバイドが表面化してきたことと関連がありますね。なぜそういう裂け目が出てきたのか、あるいは公然化してきたのかといえば、いま大塚さん言われたように、環境・エネルギー問題がオートモビリティにおいて避けることができないということが明らかになったからだと思います。それはオートピアが人々の心を強くとらえていたときには表面化しなかったものです。

とはいえ、多くの人々は、環境・エネルギー問題を縮減することはできても解決はできないと考えています。つまりある種のリスクと見なしているわけです。それから先ほどの環境汚染とか交通事故などにしても、基本はリスクに近いものとしてとらえていて、ある程度「仕方ないか」という意識が強いようです。もちろん、それをとらえかえすには根本的にはカーシステムそのものを見直さなければならないと考えている人もいないわけではないが、そうした見直しも現行のシステムを大きく変えるものではないと認識している人がほとんどですね。

でも、ここでより注目したいのは、環境・エネルギー問題にどう対処するかをめぐって明確なガバナンスができあがっていないことです。カーシステムの外にある人々の声、トークがさきほどのカーシステムの見直しに全然反映されていないように見えます。ポストオートモビリティのアジェンダ設定において、こうしたガバナンスの不在は非常に大きな問題ですね。なぜなら、いましがた言及した裂け目がいっそう広がる恐れがあるからです。

さらに、近年のアーバンデザインがある程度車を抑制すること、すなわちカーフリーの方向に向かっているにもかかわらず、都市居住者は依然として車依存であるといった状況から生じている隙間、乖離、あるいは非対称性が大きくなっていることも無視できません。

もちろん、上述のような「意図せざる結果」に対して、それを鋭意にとらえかえそうとする市民社会や市民運動などが存在しないわけではありません。しかしそうしたリアクションも、非常に組織化されている、カーボン資本を中核に据えるカーボンウェブの前では、いかにもバラバラで不協和音にまみれています。だから、先に指摘したような隙間や乖離などが大きくなるばかりです。

**大塚**　オートモビリティが発展してきた歴史に即して見ると、最初は単純な環境問題、つまり排気ガスによって身近なところの空気の質が悪くなるというような問題から始まったと思うんですね。それに対しては、いわゆるガソリンの質を上げることで解決を目指してきたところから始まって、今や気候変動の問題が避けられないところに来てしまいました。つまり、今はもう環境問題からエネルギー問題に取って代わっている点に何らかの歴史的必然性を感じますね。簡単に一国、あるいはこの地域でガソリンの質を上げましょうというような取り組みではもうどうしようもないという問題になっているわけですね。

それから、今、時代はエネルギー転換の時代に入っているといわれるにも関わらず、代替的なシステムへの転換を担保する充電システムとかバッテリー、燃料電池等の開発体制の不透明性さがあります。あるいはカーボンウェブ、カーボン資本が組織化されているものがあまりにも強力で、そこを崩すような力がなかなか育ってこないというか、結局以前の郊外へのスプロール化に貢献した車と石油会社と政府との複合体が今も同じような力強さを持っているがために、代替的なシステム、新しいエネルギーへの転換を可能にするようなシステムの開発を阻んでいるのではないかという思いはあります。

もう一つ、ガバナンスと言う点で、オートモビリティは日本のエネルギー政策では運輸部門として切り離されていて、都市全体の低炭素推進という文脈において包括的に捉えられてこなかった感があります。それが結果として、燃料種の転換においても、移動を組織化する主体としての都市の役割においても世界に後れをとることの原因になっているように思います。

**吉原**　たしかにカーフリー社会に向けて、代替的な充電システムの確立とか軽量タイプの素材、材質の開発などが言われるようになってから久しいのですが、言われるほどに進んでいないのではないかという印象はぬぐえません。現実には、指摘されるようにカーボンウェブのような利害共同体ががっちりできあがっていて、その前では、オートモビリティを支えてきた一枚岩的な石油供給体制とか化石燃料の継続などに異議申し立てを行っている市民社会や市民運動はいかにも脆弱で、おまけに常に分裂含みの状態にあります。

いずれにしても、先に指摘したデバイドや隙間は非常に複雑化し､見えにくくなっています。まさにポストオートピアの時代に特有の、もはやユートピアではない、しかしだからといって単純にディストピアに向かっているわけではない、そういうジレンマ的な状況の中にあるといえます。

## ◆都市の未来のシナリオ◆

**吉原**　それでは、以上のような状況を踏まえて、都市の未来をどう考えればいいのであろうか。以下、アーリに寄り添いながら議論をしていきたいと思います。アーリは『〈未来像〉の未来』(第7章)で都市の未来に関して4つのシナリオを提示していますが、ここではそれらを3つに整理して取り上げます。

1つ目は高速移動都市です。これは文字通りスピーディーで体系的な移動にもとづき、オートモビリティの時代に立ちあらわれ、ヒト、モノ、情報の移動とともに発展するというものです。この高速移動都市は、ある意味でデジタル都市と重なり、人々の間でデバイスアプリによるトークのようなものが目立つようになります。またそうしたデジタルトークの広がりと共振しながら、コワーキングスペースというようなものも出現します。これは、近年、非正規の人とか外国人、組織されてない労働者などが憩う場となっていますが、コ・オフィスというような形で広がっています。そこでは非正規だけでなく、一部の正規の労働者も集まる「共同の場」のようなものになるでしょう。さらに高速移動都市では、自動運転のEV、すなわち電気自動車が移動の主役になりますが、コネクティッドカーとしての機能をますます強めビッグデータの場となるとともに、ミーティングの舞台となることによって、ヒト、モノ、情報の移動のありように劇的な変化をもたらします。当然、都市の表層空間だけでなく、ハーヴェイのいうような建造環境(built environment)にも影響を及ぼすことになるでしょう。

またアパデュライ(アルジュン・アパデュライ『さまよえる近代――グローバル化の文化研究』[1996]、門田健一訳、平凡社、2004年)のいうような5つのスケープ[グローバルな文化のフローを捉える民族・技術・資本・メディア・思想の5層]がばらばらな形で表出するだけでなく、それらの間にさまざまな隙間ができ、その隙間からさきほど言ったようなトークとかコ・オフィスといったもの、さらにEVのようなコネクテッドカーが広範囲に立ちあらわれると考えられます。実は、こうした事態の進展とともに立ちあらわれると予想されているのが垂直都市です。

垂直都市は、横に広がっていくよりも、むしろ上へと高密度化する高速移動都市に特有のものであり、近年の都市計画とかインフラの整備などでこの垂直志向が顕著にあらわれています。たとえば、高層タワーや垂直ファームがあちこちにできています。そして近い将来、そうした動向に合わせるようにして、非常に軽やかな軽量の空中車両やドローンが都市の表層空間や建造環境を覆うようになるだろうと言われています。もちろん、そこではＡＩ主導のエレベーターテクノロジーの飛躍的な進展が前提となっています。

ところでその垂直都市であらためて注目されるのは、先に述べた隙間に社会的不平等とか格差などが深く埋め込まれるようになっていることです。そこでは、エリートとか裕福な居住者などがどんどん上方の世界に移動し、下方の世界、つまり地べたでは非正規や職のない状態にある人々が徘徊し沈澱するといった空間的な布置構成がみられるようになることが予想されます。こうして垂直都市はきわめて不安定でリスキーな社会になるわけですが、さらにリスクを外部化し逃走できる人と、それを内部化せざる得なく逃走できない人とのデバイドが深まる恐れがあります。いずれにせよ、ハイライズで高密度な垂直都市はまぎれもなく高速移動都市の一つの形を示していますが、きわめて両価的なものとしてあります。

もちろん、そうした垂直都市の実現可能性は新しいカーボンフリーエネルギーシステムの開発にかかっています。

**大塚**　この、ハイライズに向かっていく高速移動都市は、最近の東京でいうと、アーリが考えている以上に進んでいるように思います。アーリは高速移動都市の前提条件として、新しいカーボンフリーなエネルギーシステムの開発、特に水素について触れていますが、そこが果たして本当に現実的なのかというところが問題です。トヨタが販売している水素燃料電池車ＭＩＲＡＩについてアーリも日本語で「未来」を意味するという注をおいて触れていますね。日本は国を挙げて水素に向かっているが、ほかの国では水素の手前でＥＶに向かっており、大きな差があります。アーリは水素供給ステーションの増設等、まだ課題は多く、難しいのではないかと書いていますが、果たしてどちらに転ぶのか注目されるところです。

**吉原**　ここでもう一つ考えておかなければならないのは、カーを含めてカーボン資本をめぐる利害共同体が、この社会では驚くほど強固だという点です。

**大塚**　ヨーロッパの場合はもっと民主化していて、市民がエネルギーをつくる会社に出資することで自分もそこに参加するということがより進んでいます。日本とは大きく異なる点です。たしかに先生が今おっしゃったように、垂直方向に向かって建っている綺麗な高層ビル群の谷間に社会的な不平等とか格差などが存在している。そういう綺麗な建物に住んでいる人の中にも、実際は貧困に陥っている人たちがたくさんいるわけですね。いま東京では、前提条件の水素以前にそういう状況がすでに始まっているという気はします。

**吉原**　だからこそ、高速移動都市が部分的にデジタル都市と重なるということの意味を真剣に考えてみる必要があると思います。ここでは高速移動都市をデジタル都市としてみた場合、どういう点で可能性が広がっているのか、また矛盾が深まっているのかを、再度前の議論に立ち返って検討してみます。デジタル都市の進展をうながすドライバーレスカーやコネクティッドカーは、ある意味で高速移動都市の生命線をなすと考えられますが、そのことをトータルにどう考えればいいのでしょうか。

**大塚**　そうですね、その2つの区分けというのは、すごく難しいと思います。

**吉原**　原理的には、高速移動都市の場合、移動をめぐる都市計画、アーバンデザインというものが鍵になります。だけどデジタル都市の場合、その基層の部分、つまり移動を非常に大きく変えていくようなデジタルトランスフォーメーションが重要になってきます。

**大塚**　都市というよりは、デジタルな基盤ですね。

**吉原**　デジタルな基盤の変容では、カーが「走るもの」からデジタルコミュニケーションのステーションのようなものへと機能変化をとげつつあるということが特に注目されます。それはまさにＡＩ時代の到来を予期させるものですが、シンギュラリティのありようと直接関わってくるし、ポストヒューマンの世界へとつながっていくとも考えられます。

その前に考えておきたいのは、オートモビリティの中心に位置してきた車がもはや「残余」となってしまい、むしろネットワーク化されたコンピューターのようなものとしてあり、デジタルコミュニケーションのステーションとして装置化されつつあるカーがどのようなデジタルなセルフを生み出し、デジタル都市をシニフィエ（表象）しつつあるかという点です。

その点で興味深いのは、いまの若い人たちが車よりもスマホにアイデンティティを持つようになっていることです。端的に言うと、スマホのもつコネクティッドなものに魅せられているわけですね。でもよく考えてみれば、スマホはいま触れたコネクテッドカーシステムときわめて強い類縁関係にあります。要するに、若い人たちの関心の中心にあるのはデジタル・コネクティビティなのです。そういったものを基軸とするデジタル都市は、必然的に前に述べたような、複数のインターフェースであって、多重力であって、マルチタスキングでオーバーローディングであるというような特徴をあらわすようになります。

それからもう一つ指摘したいのは、ディストラクション、ここでは気晴らしといった意味で用いますが、そういったものがデジタルなセルフのひとつのフェイズを示すものとして立ちあらわれていることです。それはあたかもセンサーの海の中でちょっと自分の気持ちを別のところに持っていくというようなものですね。そうしたディストラクションは、アーリの指摘する人間の五感がＡＩによって平板化されていく事態とともに見られるものです。それは都市自体がユビキタスコンピューティングとかセンサーの束とか多重的なビッグデータといったものになっていることを写映するものですが、皮肉なことに、そうしたデジタル都市は電力をより消費するようになっています。

**大塚**　可能性としてはあると思います。今までの、例えば省エネの推進策もそれぞれの家電なりそれぞれのデバイスの効率を上げていくという方法を取ってきたわけです。このデジタル都市というか、いわゆるスマートシティは全体最適を図るという意味で、都市全体としてより省エネとかエネルギー効率がいいとか、そういうところを目指しているわけですが、そのためには今まで使わなかったようなものも必要になるし、それからビッグデータを吸い上げてＡＩで全体最適化するためにはいわゆるＩｏＴで全てをつなぐ必要があるわけです。コネクテッドにするためには、そこには電力消費があって、今までつながなくて良かったものまで全てつなぐというふうになっていくと、一つひとつのデバイスのエネルギー効率は良くても総体としては増えていくという構図は見えますよね。

**吉原**　高速移動都市が生み出した、デジタル都市の「意図せざる結果」ですね。デジタル都市は前にも述べたように、基本的にはオートモビリティの時代の、いわゆる消費社会の延長線上にあるわけですが、それでいてそこには、消費社会によって生み出されたセルフとは異なるデジタルなセルフが見え隠れしています。そういったものに支えられたデジタル都市の危うさが大塚さんの指摘するような構図としてあらわれているのかもしれません。

**大塚**　私は、一番の危うさはアーリの言う、人々の知性が「人工的な知性」に平板化されてしまうという事態なのかなと思います。いわゆるスマートシティを考えるとき、省エネ策とか低炭素な社会を目指すための手法としてスマートシティが謳われるわけですが、スマートなのは何かという議論が軽視されているような気がします。そうすると機械がスマートな部分を全て担ってくれるので、人々の方は考えなくてよくなる。その結果、人々の知性の「人工的な知性」への平板化が避けられなくなります。そこに一つの危うさがあって、それによってより消費をする方向に向けられていることさえも気付かなくなる。そこがデジタル都市の危うさなのかなという気はしますね。

**吉原**　たしかに、アーリはデジタルなセルフのうちにひそむ知性の劣化を否定してはいません。しかしそれをいうなら、そうしたデジタルなセルフの出現が人々の生活様式の変化に深く根ざしていることも指摘すべきでしょう。その場合に特に注目されるのは、定住というのがライフスタイルの中心に位置しなくなっている点です。常に動いている、アーリの言葉でいうとオン・ザ・ムーブというのが常態になっています。さきほど都市は繋留地のような移動体としてあると言いましたが、定住を前提としないモバイルな生活様式と都市に住まなくてもいいようなイノベーションによって、そうした都市の出現が可能になっているといえます。

なお、イノベーションについて言うなら、３Ｄ印刷のインパクトが無視できなくなっています。３Ｄ印刷の導入によってアーバンデザインに劇的な変化が生じています。斬新でフレキシブルなデジタルなデザインとともに、常に移ろいでいる都市がいよいよリアルなものになっています。それが帯同するスケープ、建造環境のありようについては、もちろん目が離せません。

**大塚**　今までは工業都市や工場という生産地と消費地である都市をつなぐ輸送の役割を担うトラックがあり、そこにもモビリティというものが関わっていたんだけども、そういうものが要らなくなって、より身近な場所で、誰もが生産者になれる。そうなると個人はむしろ自由に、モバイルになって都市から都市を軽やかに移動するということですね。

**吉原**　ところで、移ろいやすく、コネクティッドなものになっている都市を解剖してみると、オートモビリティの時代に都市を特徴づけていたゾーニングやすみ分けが溶解し、それらを前提としていた人々の働き方が大きく変わりつつあることがわかります。これらをどう考えるかは難しいのですが、デジタル都市がもたらすある種のポジティブな面、可能性の部分を示していると言えるかもしれません。でも、見方を変えると、まったく別の貌があらわれます。

## ◆デジタルな基盤に立つ要塞都市◆

**大塚**　それがアーリのいう要塞都市ですね。デジタル都市が高速移動都市の基盤にもなるし、要塞都市の基盤にもなるということを確認した上で、ここからは要塞都市について議論するわけですね。

**吉原**　端的に言うと、要塞都市は、デジタル都市の持っている陰の部分をあぶりだしたときに浮き彫りになるものです。もっとも、アメリカではその雛形の議論は出尽くしている感があります。それはごく大雑把にいうと、ジェントリフィケーションの進展と相まって豊かな白人のエンクレーブ、飛び地ができる、そしてその外側に下層の非白人の「野生のゾーン」ができるというものです。いわゆる空間の格差とか不平等といったものを説明するためによく出される議論ですが、要塞都市はそうした格差と不平等を空間の内部化（包摂）と外部化（排除）を通して「飛び地のランドスケープ」として権力的に再編して立ちあらわれたものと言えます。

ところでこうした要塞都市の特徴としてよく指摘されるのは、エンクレーブと「野生のゾーン」の非対称性に加えて、エンクレーブによって公的な機能や集合的な機能が私有化されているという点です。この非対称性は、エンクレーブではセキュリティ化がどんどん進む一方で、廃棄物は「野生のゾーン」に一方的に押しつけられるといったきわめて畸形的で差別的な構造に凝縮され、さらに要塞都市から逃げるという権利、つまりそこを滑空するという権利がエンクレーブ、飛び地の人々だけに補償され、「野生のゾーン」の人々は除外されているという構図としてあらわれています。だからこそ、要塞都市では移動システムが排他的に利用されており、そうした排他的な利用が要塞都市の権力基盤になっているといえます。こうしてみると、要塞都市は、デジタル都市が進んでいく中で、ますますハイライズなものになり、さきほど言及した垂直都市と重なりあうようになりますが、そこでは、半ばユートピア的色調を帯びた先の論調は後景にしりぞいて、ディストピアとしての垂直都市が前景に立ちあらわれることになります。

**大塚**　たしかに垂直都市として要塞都市を考えると、先ほどの高速移動都市というものとほぼ重なってきますね。日本では、外見的にはジェントリフィケーションされた同じ高層建物の中に、すでに上と下で飛び地と野生のゾーンとが共存しているという状況が見られます。ただ、そこで移動が車によらないものになって行き、しかもその垂直都市の中にデジタル都市が実現されていくと、人はそこからまったく出なくていいというふうになっていく。そうすると、移動をしなくてよくなるので、確かにインフラシステムを維持するモチベーションもなくなっていく。そうして、都市が衰退していくというのは、なんとなくループとして描ける気はしますね。

**吉原**　要塞都市／垂直都市の行きつく先は衰退都市であるというのは、容易に想像できます。ただその場合、大塚さんの言われる、まったく出なくてもいいという状態が権力的に作られたものであるということが大きいと思います。結果的にエンクレーブの外側や周辺で、暴力や犯罪や遺棄が増え、それに対してセキュリティを維持しようとする人々は、ＡＩのキラーロボットのようなもので「野生のゾーン」を封じ込めようとします。そして一部の人々は都市脱出、さきの言葉で言うと、逃走を試みようとします。そのようにしてある種のアルゴリズムが発達していくようになるわけですが、同時に垂直都市の基盤のところがどんどん壊れていきますね。

考えてみれば、都市というのは本来、生産と消費が有機的に絡まってオートノミーをつくり出しているのですが、要塞都市では過剰警備や封じ込めによってそうしたオートノミーを維持するようなインフラシステムが崩壊する、あるいは機能しなくなるわけです。そうすると、都市のもつ修復力とか回復力などが極端に低下し、荒廃が進み、衰退に向かわざるを得なくなります。

映画では、そうした要塞都市の末路がよく映し出されます。高層ビルが林立していて、その間をヘリコプターやドローンが飛び交っています。それらは基本的には、豊かな人たちのセキュリティを担保するものとして配備されています。地べたでは、ＡＩのキラーロボットが取り締まりの主体となり、殺戮が繰り返されます。こうして都市全体のセキュリティが損なわれ、まさにディストピアの世界が立ちあらわれるわけですね。

アーリがそうした衰退都市の範型として取り上げているのがデトロイトです。私自身、9年前にデトロイトに行ったことありますが、メインストリートでは人影が途絶え、ただストリートコーナーで孤老が壊れた椅子にポツンと座っている、郊外の一戸建ての住宅は軒並みあばら家になっていて、壊れたドアが風でカタカタ鳴っている、まるでゴーストタウンでしたね。これがオートモビリティの盛時に輝いていたあのデトロイトかと思いました。そういうデトロイトは、ひょっとしたらロサンゼルスとは違った意味で要塞都市のなれの果てではないかと、いまになって思います。

**大塚**　私が最初にアメリカへ留学したのは、デトロイトから3時間ぐらいの街にある小さな大学だったのですが、ホストファミリーがドライブでデトロイトを回ってくれたことがありました。フォードの本社があって、でも、ある一線からこっちは白人、こっちは黒人と分かれていて、1990年代でもそういう状況に驚いた記憶があります。

大学では東ヨーロッパから難民としてアメリカに来たという友人がいました。難民ですから生活は当然苦しかったわけですが、それでも長期休みになるとご両親が手料理でもてなしてくれて、デトロイト郊外にある友人の家に度々遊びに行っていました。今思い返すと、友人のご両親は自動車工場で働いていました。その友人家族だけではなく、そこはやはり自動車関連の工場で働く人たちが多く住む地域で、当時からなんとなく暗い雰囲気はすでにありました。1920年代以降のフォーディズムが最盛期の頃は全く違った雰囲気だったんでしょうね。今も難民をはじめとする多国籍の労働者が国際的な移動で入ってきて、いっそう貧しい生活を強いられているのではないかと思います。

**吉原**　だから、「野生のゾーン」をさらに上塗りするといった状況、つまり再野生化が進むわけですね。現実には、こうした再野生化を阻止しようとするまちづくり構想もあるにはあるが、あらたなジェントリフィケーションのシナリオに組み込まれるだけだという意見が強いですね。いずれにせよ、要塞都市の未来は昏く、想定されるのはディストピアです。

## ◆オルタナティヴな都市を構想する◆

**吉原**　でも要塞都市も元をただせば、デジタル都市に立ち根ざしているのだから、いま一度デジタル都市に立ち戻ってその可能性を問おうとすれば、要塞都市を向こうにしながらも、それとは異なるもうひとつの都市、つまりオルタナティヴを構想することができるのかもしれません。アーリはそれを「住みやすい都市」と言っています。それはアーリによると、カーフリーシティを中軸に据えるものです。

カーフリーシティは、まず高エネルギーの移動システムを相対化することから始まります。そしてそれゆえに、高エネルギーではなく、地域で循環するような地産地消のエネルギーにもとづくコミュニティの形成が不可欠となります。

アーリによると、そのための鍵になるのが、都市の炭素集約度のパワーダウンです。それによって、成長を前提にした都市とゾーニングを相対化し、自律的な、内発性を担保したようなコミュニティの形成の基盤ができあがります。当然、乗り物についていうと、小型化し、超軽量化し、スマート化することが絶対要件となります。それはバッテリー装置と一体化しており、公的な環境整備が前提となります。

**大塚**　ライフラインというか。

**吉原**　カーフリーシティが成り立つための要件は、トーンアプリ、スマートカード、スーパーホブの展開、ライドシェアリングシステム、新しいアクセスエコノミーの開発、さらに道路の、自動車中心から自転車、歩行者中心へのバランスシフトなど、あげればきりがありません。ただ、ここで確認しておきたいのは、これらはあくまでもフットワーク軽く往来しつつも「住まうこと」に照準があてられています。

さてここで、カーフリーシティの具体的な現実形態をさぐるために、近年、ライドシェアリングをうながし、あらたなアクセスエコノミーを変える可能性をもつものとしてとりざたされているマース（ＭａａＳ）について考えてみたいと思います。

**大塚**　ヘルシンキのマースが注目されていますが、都市全体の再編はあまり考えずに、今ある都市の中で交通をサービスとしてより最適化して、より優しく、渋滞もあまり起こさず提供するかというようなコンセプトかと思います。それに対して、今私たちがここで議論しているのは都市全体のあり方を変えるようなものに聞こえます。

**吉原**　だから、さきほどの働き方というような少し大きな問題に関連させるなら、私たちの生活の中にシェアリングシステムをどういうふうに埋め込むか、つまり互酬や「生活の共同」の枠組みをどう構築するかということが重要になるんですね。マースはある意味でライドシェアにかかわってきますが、それ自体、シェアリングの中の一つなんだという認識が必要です。

ところが、国交省が出しているマースの説明マニュアルを読んでいますと、いいこと尽くめですね。交通渋滞を緩和するとか、温室効果ガスを規制するとか、高齢で運転できない人をサポートするなどと。そしてＡＩを用いて、移動というものに人々をシームレスにつなげていくということが強調されています。全体に次世代交通システムとしてバラ色に描かれています。ただ注目されるのは、たとえば、シームレスにつなげるといった場合、シェアリングよりも、むしろ効率性や便益性に力点が置かれているように見えることです。

**大塚**　そうですね。

**吉原**　私は、デジタル都市の今後を占う上で、マースをとりあげることは非常に重要なことだと思います。さきほど大塚さんは、マースを最適な組み合わせと言いましたが、デジタル都市のもつコネクティッドなものの可能性を考える場合、この最適な組み合わせという指摘は非常に示唆に富んでいると思います。同時に、マースが国がすすめるデジタルな決済システムと連動していることを忘れてはなりません。国交省の説明では、マースはスマホのアプリの利用を自明視しています。

**大塚**　デジタル決裁を進める手段として今回（２０１９年10月）の消費税増税でもキャッシュレス支払いで５％還元と大々的にやっている。みんなもう、目先の生活費が大事なので、やれカードで払う、アプリで払う、となる。止められない気がします。

**吉原**　そうですね。現実に受容されると思います。その上で決済システムがカードであり、そこに個人の情報が内蔵される可能性があることに注目する必要があります。場合によっては、後ろに控えるネット企業の利害が反映したり、そもそもビッグデータとしての機能を備えることから小さな監視装置としての役割を担ったりするかもしれません。

**大塚**　監視。私も本当にそう思います。

**吉原**　情報の一元的な統合の要になるかもしれません。それをどう考えるのかが大きな問題になります。それは果たしてアーリの言う「住みやすい都市」といえるのかどうか。ある意味で実現可能性が高いだけに、スルーできませんね。

**大塚**　それで先生は「住みやすい都市」という言葉をここにあえて使わなかった。

**吉原**　アーリはそれを要塞都市に対してオルタナティヴ（な都市）と言っていますが、それはユートピアになるかもしれないしディストピアにもなるかもしれない。境界が非常にあいまいな都市ですね。

**大塚**　そうですね。それこそ先ほど話に出た、豊かな人が高層ビルの上階に住んで、同じビルの下層には野生のゾーンがあるという要塞都市のようなものがより鮮明になっていくようなディストピア的な都市が想定される一方で、オルタナティヴという意味で、エネルギー源も含めて、地産地消で分散型のエネルギーシステムにもとづいていて、そこでは近隣とか、そういうものが大切にされるような住まいの居住区といいますか、オルタナティブな都市や地域が想定されるわけですね。その上で要塞都市ではなく、大都市においていかに望ましいオルタナティヴな都市、その要件となる地産地消で低炭素なエネルギー体制を実際つくり出していけるかが大きな課題だと思います。

デジタル化と監視の話に戻りますが、スマートシティを考えた場合、日本では今までは実証実験をやります、エネルギー消費量を見える化します、といって、HEMSを導入していたわけですが、今はいわゆるスマートメーターといって電気料金を自動で検針できるメーターに変えています。電気メーターは10年ごとぐらいに更新がありますから、電力会社によって多少の差はあるとしても、2024年度ぐらいまでにほぼ全世帯導入が完了するだろうといわれています。私はこれまでに実際に自分の研究でHEMSのエネルギーデータの分析を行ってきましたが、そのデータから家での生活がいくらでも見えるというか、覗こうと思えば全て覗けてしまうんですね。スマートメーターのデータを使って、商圏分析とかマーケティング戦略につなげていきたいという新聞記事が日経新聞（2019年11月20日朝刊）に載っていましたが、本当にそういうことが可能になってしまうのです。その記事では、一応利用者の同意を得て、と書かれていましたが、スマートメーターの導入などはHEMSと違って自分の導入意思に関係なくデジタル化に組み込まれていくというところに怖さを感じます。

それから、エネルギー消費量の見える化が先行してモビリティの部分が置き去りにされてきてしまった日本のスマートシティに対して、例えば、世界的に先進事例と言われるトロントの計画ではＬＲＴと言われる路面電車を走らせてマースをやることになっています。ウェブサイトには色々な情報がオープンにされていて、特に住民参加などはすごいなと思う反面、ここの計画者は実はグーグル（Google）の子会社なんですが、臆せず「tracking every move」と言うわけです。全ての動きを全部デジタルで追うということになっているんですね。

**吉原**　だから、スマートシティの基層にマースを取り込んでいる、あるいは取り込もうとしているようなヘルシンキやトロントの事例から、デジタルスマート化の行き先、つまり一見住みやすいのだが、個人の情報が完全に掌握されるといった超監視の都市のかたちを予想できるわけですね。

もっとも、デジタル都市の暗部は、そうした監視化や個人情報の一元的な統合そのものよりは、そうした事態をスルーし、というよりはむしろ積極的に受容する、とりわけ若い人々の間でみられる感覚風景の広がりという点にあります。興味深いことに、キャッシュレス化とかデジタルカード化などに馴致した人々にとっては、それはもはや暗部というよりは、リアルそのものになっています。だから要塞都市のような衰退はすぐに起らないとも言えます。

実はこの点で、カーフリーシティへと舵を取るデジタル都市の、ディストピアでもユートピアでもないわかりにくさがあると思います。反対に、先に触れた要塞都市は非常にわかりやすいといえます。ディストピアが本当に「見える化」しています。

## ◆ユートピアもディストピアも超える未来とは◆

**吉原**　それではあらためて、カーフリーシティをディストピアに回収されず、しかもユートピアを超えて展望するには、どのようなことを考えればいいのでしょうか。

**大塚**　エネルギーという面でいうと、この地産地消の分散型のエネルギーシステムをより小さな単位、たとえば、自治体よりももっと小さな地区で作り、それが新しい近隣になっていけば、将来の希望はあるように思います。

**吉原**　私もそういう将来を望んでいますが、地産地消にもとづく、ある意味でサードセクターのようなコミュニティは、ひょっとしたら要塞都市にみられるセグリゲーションとは異なる、何らかの裂開のようなものを広げていく惧れはありませんか。

**大塚**　そうかもしれないですね。でもその小さな近隣の中である程度完結していくような都市は、地産地消にもとづいている分、地域の資源を活かした豊かな都市ということになるのではないでしょうか。今の、グローバル資本主義の基準からすると、もしかしたらすごく衰退するように見えるかもしれませんが。

**吉原**　自律的なローカリティに価値軸の中心を置くユートピアですね。同時に空間論的な視点の導入の必要性を痛感します。

**大塚**　ユートピアと言うか、そういう脱成長を具現化したような小さな近隣のあり方が1つの社会的未来像としてはあるのではないかと思います。社会的未来像を考える場合、どんな技術を用いるか、どんな社会制度を作るかによって人々の生活や実践が変わっていくにも関わらず、そこを社会科学があまり議論をしてこなかったとアーリは言っています。より小さな単位の地産地消を目指すと、日々の実践や生活そのものが変わってくる。単数の時間の脱構築でしょうか。生きられた時間とか経験された時間とよく先生もおっしゃいますが、そういう脱コンテクストされていたものを再コンテクストしていく。先ほどデジタル都市の可能性についての話もありましたが、スマート化やデジタル化の部分をデジタルでありながらも再人格化していくといったらいいのでしょうか。単純なデジタルなゼロイチの数字ではない、人格化を可能にするようなデジタル都市を基盤とするオルタナティヴな都市に希望があるように思います。

**吉原**　結局、カーシステムのデバイドが広がるポストオートモビリティ、ポストオートピアの地層に立って、マースに必ずしも寄り添わないデジタルなライフスタイルに根を下すデジタル都市、とりわけカーフリーシティの未来を、大塚さんの言うような脱コンテクスト化、そして再コンテクスト化を通してどのようにきり拓くかが問われているように思います。そうしたコンテクスチュアルな境位において、エネルギーの地域内循環をどう達成するのか、そしてそれにもとづく小さな近隣を、ハーヴェイのいうような建造環境の基層にどう埋め込むのか、という大きな課題を意識せざるを得ません。だからこそ、デジタル都市に身をさらしている自己の立ち位置の確認が必要となるのですが。

**大塚**　そうですね。アーリは未来像として「起こりそうな未来」、「実現可能な未来」、「望ましい未来」を掲げ、「望ましい未来」は最も起こりそうもないと書いています（序章）。それではどういうときに「望ましい未来」は起こり得るのかといえば、気候変動さらには行動の炭素排出生活とシステムによって破局が豊かな北側で引き起こされたことが明確になったときか、グローバルな景気後退が生じたときにかろうじて起こると言っています。随分ディストピア的な見方ですね。

でも、逆に考えると、去年（２０１８年）の西日本豪雨、今年（２０１９年）の日本各所での台風被害と、間違いなく気候変動によるだろうと思われる激甚災害をすでに経験している。ヨーロッパ各地でも熱波を経験しましたし、オーストラリアでの山火事と枚挙にいとまがありません。そしてその気候変動を引き起こしてきたのが私たちの高度な炭素排出生活とシステムだと考えると、私たちは、アーリがいう「望ましい未来」が起こり得る時間軸にまさに立っているわけです。

そう考えると、カーシステムの裂け目、デバイドというものがものすごいチャンスを私たちに与えてくれているという気がします。カーシステムのデバイドの１つである、エネルギーの問題による気候変動がこれだけ私たちの社会に危機感を与えている今、それをいかにチャンスにしていくのかが大きな課題ですね。気候の章（第８章）でアーリはいわゆる脱成長のシナリオについて言及していますが、それがオルタナティヴな都市のあり方と重なってくると思います。

**吉原**　アーリの主張には、明示的ではありませんが、ラトゥーシュの脱成長の議論（セルジュ・ラトゥーシュ『経済成長なき社会発展は可能か？——〈脱成長〉と〈ポスト開発〉の経済学』［２００９］、中野佳裕訳、作品社、２０１０年）がかなり入っています。またシューマッハーのいう中間技術、オルタナティヴテクノロジー（F・アーンスト・シューマッハー『スモール イズ ビューティフル 人間中心の経済学』［1973］、小島慶三、酒井懋訳、講談社学術文庫、1986年）についての考察も散見されます。アーリの議論には、脱成長の地層において、中間技術とシンギュラリティの間にどのような内包と外延の関係が可能かということを真剣に考えていたような節が見られます。たぶんそこで、大塚さんの言われるカーシステムのデバイドをチャンスにする可能性を探っていたのではないでしょうか。アーリは、根底において楽観的だったと思います。

**大塚**　私は両方を感じます。そこに希望を残しておきたいという気持ちと、でもどうしてもディストピア的な方に向かっている力、つまりカーボンウェブといわれるような利害関係の強大な力を私たちがいまだに止めることができないでいるという虚しさ。気候変動の話が出始めてから30年も経ち、これだけ色々な気候的危機が世界で起きているにも関わらず、COP25（2019年12月開催）でまだ合意もできなかったという現実を考えると悲観的にならざるを得ないところもあります。

**吉原**　ただ、アーリ以降の議論をみておりますと、アーリの前提としたものがアーリが予想した以上に早くアジェンダとなっており、部分的に脱構築されています。それとともに、アーリの言った「既知の未知」はさておき、「未知の未知」をリアルに感得しようとする動きが強まっています。

それと、たしかに大塚さんが指摘するように、現実に非常に強固なカーボンウェブがあって、カーフリーシティを誘うような市民社会が未だ明確に立ちあらわれていませんが、遅れてカーシステムに登場してきた新興国がカーシステムのデバイドをいっそう複雑なものにする中で、よりグローバルな地平で社会的権力の布置構成と関連させながらカーフリーシティのありようを考えるようになっています。

**大塚**　エネルギーからやや離れてしまいますが、SDGsが「本来の望ましい未来はこういうものです、誰一人取り残されない社会なんです」という社会ヴィジョンを掲げています。エネルギーや気候そのもののゴールよりむしろそれ以外のところで、いわゆる石油会社などカーボンウェブ企業の行動やそれ以外の企業も含め大量消費大量生産の考え方も変える指針になりうるのではないかと淡い期待があります。

そうは言っても、あまりにも強固なカーボンウェブの力を踏まえると、恐らくポストSDGsというものが必要になってくるだろうとも思います。でも、アーリが言うように、未来を私たち「一人ひとりが大切に思い、育んでいく」ことが重要で、先ほどの社会的未来像を考えるときの実践とか生活と合致させていくという、私たちがこれまであまり考えてこなかったことを考えることによって、希望を見出すことはできると思います。それにはやはりコーポラティブなもの、つまり共助にもとづく小さなシステムの発達が欠かせないと思います。

**吉原**　そうですね。最後のところはラトゥーシュの脱成長の議論と共振しており、市場の論理とは距離を置くシェアリング、いわばポランニーのいう互酬システム（カール・ポランニー『〔新訳〕大転換——市場社会の形成と崩壊』［1954］、野口建彦、栖原学訳、東洋経済社、2009年）が鍵になります。さきほどマースについてそこを通底する効率性とか快適性について言及しましたが、他方でマースが出てこざるを得ないようなシェアリングのシステムが必要になっていることは否定できません。

## 【後記】最も起こりそうにない都市の未来のために……………………吉原直樹

今からほぼ100年前にオートモビリティの時代が幕を開け、人びとを、カーが生活の喜び／至上のものとなるオートピアの世界に誘った。その中心にあったのは都市である。しかしカー依存のライフスタイルの拡大・進展は、「意図せざる結果」として環境・エネルギー問題を招くこととなり、カーシステムそのもののデバイドを拡大させることになった。そしてそれとともに、オートピアの世界に陰りが生じるようになった。いまや、カー依存都市からカーフリーシティへのチェンジがポストオートモビリティ時代の基調音となっている。
モビリティーズ・スタディーズの泰斗で、先年物故したジョン・アーリは、遺著『〈未来像〉の未来——未来の予測と創造の社会学』でそうしたカーフリーシティを、グローバリゼーションとデジタル化が複雑に交わる状況を踏まえながら高速移動都市として描述している（本文も参照）。アーリによると、この高速移動都市はまさにシティ・オン・ザ・ムーブとしてある。それゆえ、現在から未来への地続きの位相／地平で論じなければならない。アーリが思いをめぐらせる未来の都市は、容易に一つの像に収束しない。対談では三つのシナリオに整序して検討してみたが、一つ目は高速移動都市の衣鉢を継ぐ垂直都市である。

そもそもスピーディで体系的な移動に根ざす高速移動都市は、高度にコネクティッドな機能を有し、ビッグデータの集積とともに、トークが交わされコ・オフィスが立ちあらわれては消えていく、凝集体というよりむしろ繋留拠点のようなものとしてある。そこから必然的にデジタル都市といわれるものと大きく共振するようになる。換言するなら、デジタルトークが自由に行き交い、ドライバーレスカーやコネックティッドカーが空間を席捲するデジタル都市は高速移動都市の生命線をなすものである。ところで、そうした高速移動都市の進展とともに立ちあらわれるとされるのが垂直都市である。

垂直都市は、ハイライズで高密度な高速移動都市としてあるが、その表層空間や建造環境を軽量の空中車両やドローンが覆っているだけでなく、エリートとか裕福な居住者などが上方に向かう一方で、非正規や職のない人々は下方に沈殿するといった非対称の世界を構成している。この垂直都市はデジタルトランスフォーメイションにもとづいているが、それは要塞都市の基盤にもなっている。

要塞都市は、上記の非対称の世界をエンクレーブの内部化（包摂）と「野生のゾーン」の外部化（排除）を通して「飛び地のランドスケープ」として権力的に再編して立ちあらわれるものである。この「飛び地のランドスケープ」を特徴づけているのは、セキュリティが独占的に取り込まれる一方で、リスクが「野生のゾーン」におしつけられるといった畸形的で差別的な構造である。そこを通底するのは公的な機能や集合的な機能が私有化されることに加えて、移動システムが排他的に利用されることである。これが進むと、都市本来のオートノミーを維持するインフラシステムが崩壊するだけでなく、都市の修復力や回復力が極端に低下し、都市の荒廃、ひいては衰退に向かうことになる。こうしてディストピアが社会の前景に立ちあらわれることになる。

しかしこうした昏い未来都市ばかりではない。同じデジタル都市に根ざしながらも、要塞都市とは異なるオルタナティヴな未来都市もある。アーリが「住みやすい都市」と名づけるその都市は、成長を前提としたゾーニングを相対化し、自律的な、内発性を担保したコミュニティの形成、身の丈の生活世界の構築を基盤とする、ある種のユートピアとしてである。それは高速移動都市の前提要件でもある新しいカーボンフリーなエネルギーシステムの開発にかかっているが、同時にデジタルトランスフォーメイションの只中からあらわれているデジタルなセルフとかコミュニケーションなどにもとづく「シェアリングの世界」に根をおろすものである。しかしこのオルタナティヴな未来都市は、アーリによれば「最も起こりそうにない」ものである。だから、どうかするとディストピアへと導かれがちになるが、「虚しい未来はない」とすれば、グローカルに展開する社会的権力のありよう、たとえばカーボンウェブの動向、そしてこれと向き合う市民社会の布置状況（ポジション）を見据えながら、カーフリーシティの今後をみていく必要があるだろう。いずれにせよ、ポストオートモビリティの時代は、われわれに都市の未来に目を向けることを強くうながしているのである。そこでは、ＡＩにひそむある種のクリエイティブな機能と行き先不明のポストヒューマンの世界が深い影をおとすことになろう。新型コロナウィルスがもたらした世界の危機的な状況の下でモビリティが現在の社会の根幹となっていることを認識しながら、いま、切実にそう考えている。

むすびに

# 都市と世界を揺らす
## ──濁水から頂上へ

樽沼範久

大岩オスカール《ワールド・ワイド・ウェブ・ウェーブ 2（ウォール・ストリート）》（2017）
Courtesy: ©Oscar Oiwa Studio, NY

この国の病と腐蝕が世界的感染症(パンデミック)流行以前から決定的に進行している現在、近隣の香港市民の行動に目をみはり、昨今の生環境と気候の世界的大変動の徴候や現実も目の当たりに、われわれは自問する。「明日の世界」はどのような世界だろう。「明日の都市」はどのような都市だろう。われわれ、そしてわれわれの末裔たちは、どのような「明日の世界」「明日の都市」に生きるのだろう。

ある最晩年の対話でレヴィ＝ストロースは、未来について問われるとこう切り返した。「その種の質問はしないでください。今の世界は、もはや私の属する世界ではありません。私の知っている、私の愛した世界は、人口二五億の世界です。現在では六〇億を数えています。これはもう私の世界ではありません。そして、九〇億の男女が住む[……]明日の世界について、何か予言することなどとうてい不可能です」(「ブラジルから遠く離れてヴェロニク・モルテーニュとの対話」[2005]、クロード・レヴィ＝ストロース、今福龍太『サンパウロへのサウダージ』、今福龍太訳、みすず書房、2008年、113頁)。

そう、すでに現在、われわれはレヴィ＝ストロースの愛した世界にはいない。われわれは「明日の世界」に向かいつつある。そして人口を問題にするならば、この「明日の世界」の性格をもっともあらわにするのは、「あのすばらしい人間的現象である都市」(同、106頁)ということになるだろう。

現代の都市圏の巨大化は、開発と蓄財の有限性が明白になるなか、潜在的恐慌が常時化している徴候だろうか。競って多数の人びとが都市を求めるのは、多数の人々が競って貨幣を求める恐慌を思わせる。21世紀の Capital City は政治や司法の首都ではなく資本都市なのか。ひとまず経済・社会の領域を放置し、投資と消費の自由の残像を掲げつつ、半透明の蜘蛛の巣のような「有刺鉄線」で統治していくシステムに寄生する都市なのか。

ブローデルは16世紀のナポリやイスタンブールを例に、「金と手段の集中する」国家を「糧」にする「巨大な寄生虫的存在」として「都市の美しい怪物」を描いていた(『地中海Ⅰ　環境の役割』、前掲書、582頁)。いまやこの関係は倒錯した。国内外の寄生虫的存在が、瀕死の都市まで「糧」にしているのだから。

さらにブローデルが言うには、イスタンブールのような「首都は金持ちの特権を享受するが、金持ち以外の者は首都のために働く」。だが、「知的にも政治的にもすばらしい」「文明の温室」ゆえに、巨大都市や首都に対する訴訟には留保が必要で、「無罪を主張することもできる」と（５９２頁）。いま留保は必要だろうか。「明日の世界」「明日の都市」ではどうだろうか。

実はレヴィ＝ストロース自ら、「われわれの未来の姿」について書いたことがある。それは『悲しき熱帯』でヨーロッパでも南北アメリカでもなく、アジアを見つめる場面に登場する。「アジアで私を怖れさせたものは、アジアが先行して示している、われわれの未来の姿であった」（『悲しき熱帯Ⅰ』［１９５５］、川田順造訳、中公クラシックス、２００１年、２５１頁）。「インダス河の都市によって始められた」文明（２１５頁）を抱くアジアは先進地なのだ。その生活様式が西へ移動し、新大陸を経て、「一八五〇年から再び西へ進み始め、日本に到達し、世界一周を終えて、今日、その起源地に戻った」ことになる（２１３〜２１４頁）。回帰してきたのは「限られた空間における人間の増加の問題」であり、インドは三千年も前にこの問題に直面してカーストを考案したのだった（２４９〜２５０頁）。

しかし、「共通に測り得るもの」を持たないことで、異なるカーストに属するものたちが「互いに侵害し合うのを防ぎ」、「自由の行使を放棄する」実験は大失敗に終る。実際には、従属関係のもとで「人間という種の一部に人間性を認めない」という「解決策」しか残らなかったからである（２５０〜２５１頁）。人間性を認められた者たちは「何十年かのあいだは」「好き勝手に振舞える」だろうが、有限性の食い尽くしによって、次々と「新しい追放」に取りかかるしかない。すでに「この人間による人間の価値剥奪は蔓延（まんえん）しつつある」。この病に「感染する危険」は「一時的なもの」では済まされず、この問題を「遠ざけることは、あまりに偽善的で無自覚なこと」と言うのである（２５１頁）。

しかしながら、この「明日の世界」「明日の都市」は原理的に考えて必然ではない。「明日の世界」「明日の都市」を揺らがせる、明後日の方向を向いた、あの「明日の世界」「明日の都市」がありうる。都市を根底から揺らすのは巨大地震や巨大津波、そして放射性物質を含む廃棄物汚染、世界的感染症流行（パンデミック）、経済戦争、軍事戦争ばかりではないのだ。

第一に、重要ながら人口は唯一の世界の条件、都市の条件ではない。人類だけが地球の存在ではないことがひとつ。そして、atom（原子）を分割できるように、規定の individual（個人・個体・個物）も複数の振動する要素に分割することができる。限られた世界のなかで人口は増大しても、存在量や要素量は増大しているだろうか。それでいて individual は複数の要素の波動に分離しつつ、他の要素の波動と遭遇、結合することで、寄生虫的存在との長引く闘いのなか、別の波動の同盟を生み出していく。多種（マルチスピーシーズ）都市学、多種（マルチスピーシーズ）政治学。

第二に、衰退の大波のなかにも多数の異質の小さい波動がうねり合い、蠢（うごめ）き合い、鳴り響いている。ことに現代世界では世界史の律動の尺度にねじれも生じている（われわれはブローデルの枠組みを変形する必要がある）。長期持続・大域延長に分類されるはずの環境が中期的・地域的に変動するかと思えば、短期・局所の社会的事件が長期持続・大域延長の環境を不可逆に変動させることもあるからだ。これは可能性の条件でもある。時間的にも空間的にも、小さなものが大きなものに包囲されるモデルだけで考える必要はない。

だから、「明日の世界について、何か予言することなどとうてい不可能です」という言葉は、文字通りに受け止めなければならない。何よりもわれわれにとっては、「明日の世界」「明日の都市」が「私の属する世界」であり、「私の愛する世界」なのだから。

「人間の歴史」は「音楽の五線」であり、「その上で」「個々の音が鳴り響いている」とブローデルは書いていた（『地中海V　出来事、政治、人間2』、193頁）。たしかに「五線」の重みは無視しがたく、それは「不可避」に思われ、人間は「この重みそのものを逆に利用」しなければ、「失敗する運命にある」のかもしれない（194頁）。しかしながら、「明日の世界」「明日の都市」の「個々の音」は「五線」を必ずしも前提にしない。われわれの波動は、「五線」から外れたものたちとも同盟を結ぶ。

たとえばブローデル自身も言う「日常性」、すなわち「人間の明瞭な意識からはみだした曖昧な部分の歴史」（ブローデル『歴史入門』、前掲書、14頁）との同盟がある。そのなかには個人の尺度よりも小さく（しかし歴史として長い）無数の日常的・習慣的な行為がある。これらは「われわれのはっきりした意識の外で起こっている」が、「人類史の起源」から「今日に至るまで受け継がれ、雑然と蓄積され、無限に繰り返され」、「アマゾン川が大量の濁水を大西洋に流し込んでゆくように、現在という時間の中に流れ込んでいる」のだ。こうした日常性に「人間は腰の上まで」「浸かっている」（15～16頁）。

あるいはジャスミンやマグノリアやスイカズラやベチュニアやリラやベコニアやダチュラなど、「プランテーション・システムにはなじまず、あるいは、むしろこのシステムの二重の境遇（大邸宅と奴隷小屋）とは別の側に初めから植えられている」花々との同盟がありうる（エドゥアール・グリッサン『フォークナー、ミシシッピ』［１９９６］、中村隆之訳、インスクリプト、２０１２年、２２４～２２５頁）。こうした花々は「強迫観念」を引き起こさず、それを「鎮めるだけ」なのだ。そして「屋敷の外で」「夜の熱気に包まれて」「ひそかに燃え尽きる」（２２５～２２６頁）。

あるいは「海上の南十字星、マゼラン星雲」などの星々、「青い氷の流れをみちびいて［……］海へと落ちかかる氷河」、「活火山」、「安定していると信じてきた大地が、われわれの足もとで、薄い卵の殻みたいに揺れた」地震、「サンゴがつくりあげた礁湖の島」に心震わせる航海の途上で、「野蛮人」と「文明人」の違いは「野生動物」と「家畜動物」の違いにあると気づいてしまう瞬間（チャールズ・R・ダーウィン『新訳 ビーグル号航海記』［１８４５］、荒俣宏訳、平凡社、２０１３年、上４２５～４２６頁、下４６５～４６６頁）。そして人類が出現する以前から世界の歴史で重要な役割を果たしてきたサンゴやミミズの「生きるための闘い（the struggle for life）」を長年にわたり観察した結果、高等生物／下等生物の規定区分さえ認めなくなったダーウィン的政治（チャールズ・ダーウィン『ミミズと土』［１８８１］、渡辺弘之訳、平凡社ライブラリー、1994年、284～285頁)。

あるいはインド洋に面したアジアの砂浜に、老人が自分で整えた小さなモスクが示しているもの。「大洋は白っぽい緑色をしていた。太陽が沈もうとしていた。逆光を受けている空の下で、砂と海から光が来るように思われた。ターバンを巻いた老爺(ろうや)がひとり、串焼肉(ケバブ)を焼いている近くの店から借りて来た鉄の椅子を二つ使って、即席で自分用の小さなモスクを拵(こしら)えた」(『悲しき熱帯Ⅰ』、237頁)。祈るという無数に反復されてきた日常の小さな行為もまた、接近不可能なものに魂を寄せながら、空間的にも時間的にも遠くのものから近くのものまで異種の波動を取り集め、それらのあいだに静かな同盟をつくることではなかったか。あるいは「われわれの奴隷化へと向かうのとは逆の道」を思考するなか、「われわれがこの世にいる限り、そして世界が存在する限り」「われわれの傍らに留まり続けるであろう」素晴らしいものたちとの秘密の同盟。たとえば、「ふと心が通い合って、折々一匹の猫とのあいだにも交わすことがある、忍耐と、静穏と、互いの赦(ゆる)しの重い瞬(まばた)きのうちに」生まれるもの(『悲しき熱帯Ⅱ』、428頁)。

われわれは、こうした無数の同盟をこの世界でまだ十分に探していないし、その同盟によって鳴り響く律動を都市でもまだ十分に創り出していない。

# 都市空間研究会について

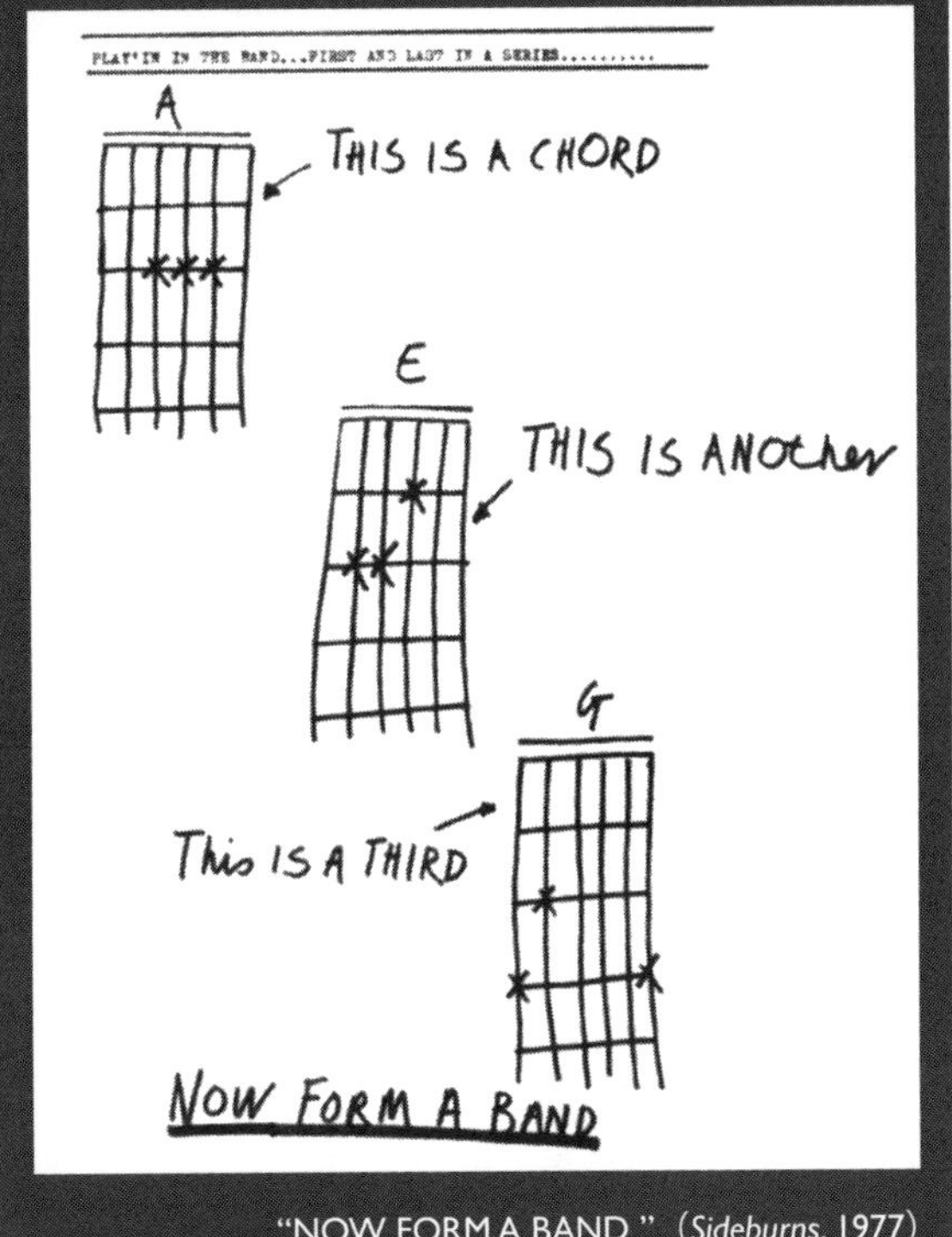


"NOW FORM A BAND "（*Sideburns*, 1977）

都市空間研究会は吉原直樹さんを中心に、横浜国立大学都市イノベーション学府・研究院／都市科学部を拠点に結成された。都市イノベーション学府・研究院（２０１１〜）は建築学・土木工学の分野と人文科学・社会科学の領域を合体させた大学院で、東日本大震災と福島第一原子力発電所事故の春に開設された。初代の研究院長は演劇学・映画批評の故・梅本洋一さんだった。都市科学部（２０１７〜）には、さらに環境学の分野も合流している。

吉原さんは都市イノベーション学府・研究院／都市科学部教授に着任するやいなや、都市科学部開設記念シンポジウム（２０１７・６・10）――吉原直樹教授「都市をみるまなざしの相克――都市共生をどう考えるか」、妹島和世教授「環境と建築」、前川宏一教授「都市社会基盤の再生と持続に向けた技術連携」、野口和彦教授「都市生活に影響を与える環境の変化――リスクへの新たな対応概念」――が終ると、新しい研究会の立ち上げをご提案されてきた。

そして同僚の彦江智弘さん（フランス文学）、守田正志さん（建築史・都市史）、ファビアン・カルパントラさん（映画論／社会思想）、三浦倫平さん（地域社会学／都市社会学）、榑沼範久（表象文化論）が集った。あるときはアンリ・ルフェーヴルの思想を起点に、またあるときは移動性（モビリティ）をキーワードに、われわれ「コアメンバー」の発表や司会のほか、学外から斉藤日出治さん（社会経済学）や大塚彩美さん（環境社会学）にも来ていただいた。横浜国立大学の常盤台キャンパスのみならず、神保町ブックセンターや三田の建築会館を会場にしたこともある。横浜国立大学の他の同僚たち、卒業生・修了生たち、学内外の学生・研究者たちも、折に触れて研究会に合流してくれた。

平成31年／令和元年度も都市イノベーション研究院部局長戦略的経費、地域連携推進機構 Next Urban Lab のご支援をいただいた。研究会の討議にも参加してくれた中村文彦教授（横浜国立大学副学長、都市イノベーション第２代研究院長）、常に研究会を見守ってくださる佐土原聡教授（都市イノベーション研究院長、都市科学部初代学部長）、そして意味深長な作品の掲載を許可していただいた大岩オスカールさんとＩＴＷＳＴにも心から感謝したい。下田勝司社長をはじめとする東信堂の皆さまにも。

まだ「幼年期の終り」に至らない研究会だが、これまでの活動の鼓動の一端を、この小さな本『都市は揺れている――五つの対話』に集めてみた。この揺れ動く世界の予感のなかで、都市の現在・過去・未来をめぐる、アイディアの叩き台になればと願っている。読者諸賢のご意見、ご批判をいただければ幸いである。

２０２０年２月26日
二月初旬よりダイヤモンド・プリンセス号（三菱重工業長崎造船所建造）も停泊する雨あがりの横浜にて

榑沼範久

Courtesy:©ITWST

**斉藤日出治**（SAITO Hideharu）

社会経済学専攻。大阪労働学校・アソシエ学長、元大阪産業大学経済学部教授。1945 年生。名古屋大学経済学研究科博士課程修了。博士（経済学）

〈主要著作〉

『国家を越える市民社会』（現代企画室、1998 年）、『帝国を超えて——グローバル市民社会論序説』（大村書店、2005 年）、『グローバル資本主義の破局にどう立ち向かうか』（河合ブックレット、2018 年）など。

**ファビアン・カルパントラ**（Fabien CARPENTRAS）

映画論／社会思想専攻。横浜国立大学都市イノベーション研究院／都市科学部専任講師。1984 年生。ジャン・ムーランリヨン第三大学文学部日本語日本文化学科博士後期課程修了。博士（日本学）。

〈主要著作〉

「「生理」と「反－生理」の衝突」（『映画芸術』450 号、2015 年）、「「自己否定」の歴史的意味を再考するために」（『常盤台人間文化論叢』第 4 巻、横浜国立大学都市イノベーション研究院、2018 年）、“Memory Politics and Popular Culture—The Example of the United Red Army in the Manga *Red* (2006–2018)”（*IAFOR Journal of Media, Communication & Film*, 6(1), 2019）など。

**守田正志**（MORITA Masashi）

建築史・都市史専攻。横浜国立大学都市イノベーション研究院／都市科学部准教授。1977 年生。東京工業大学総合理工学研究科人間環境システム専攻博士課程修了。博士（工学）。

〈主要著作〉

『Historic Christian and Related Islamic Monuments in Eastern Anatolia and Syria from the Fifth to Fifteenth Centuries A.D.—Architectural Survey in Syria, Armenia, Georgia, and Eastern Turkey』（共編著、彩流社、2015 年）、「中世アナトリアのイスラーム墓廟建築にみる三角形平面を用いたドーム移行部の歴史的展開」（『日本建築学会計画系論文集』第 82 巻、第 741 号、2017 年）など。

**大塚彩美**（OTSUKA Ayami）

環境社会学専攻。早稲田大学社会科学部講師。1972 年生。横浜国立大学大学院環境情報学府博士課程後期修了。博士（環境学）。

〈主要著作〉

「省エネルギー行動の背景にある価値観・エネルギー意識に関する研究—— HEMS を標準搭載した集合住宅を対象として」（共著、『日本建築学会環境系論文集』第 82 巻、第 739 号、2017 年）；“A Preliminary Assessment of Chonaikai and Banjar: From the perspectives of the Comparative Sociology on the Community”（共著、*Udayana Journal of Social Science and Humanities*, Vo.3 No.1、2019）、ジョン・アーリ『〈未来像〉の未来——未来の予測と創造の社会学』（共訳、作品社、2019 年）など。

## 著者紹介

**吉原直樹**（YOSHIHARA Naoki）

社会学専攻。東北大学名誉教授、横浜国立大学都市イノベーション研究院／都市科学部教授。1948 年生。慶應義塾大学大学院社会学研究科博士課程修了。社会学博士。日本学術会議連携会員。

〈主要著作〉

『都市空間の社会理論』（東京大学出版会、1994 年［日本都市学会賞受賞］）、『モビリティと場所』（東京大学出版会、2008 年［地域社会学会賞受賞］）、『「原発さまの町」からの脱却』（岩波書店、2013 年）など。

**樗沼範久**（KURENUMA Norihisa）

表象文化論専攻。横浜国立大学都市イノベーション研究院／都市科学部教授。1968 年生。英国ケント大学大学院 MPhil 課程修了、東京大学総合文化研究科博士課程単位取得退学。MPhil（人文学）。

〈主要著作〉

「20 世紀の文化における宇宙的なものの上昇――宇宙機械と人新世の通夜＝覚醒のために」（『常盤台人間文化論叢』第 4 巻、横浜国立大学都市イノベーション研究院、2018 年）、「2000 年――ボナール、絵画空間の冒険（2000: Bonnard, or A Pictorial Space Odyssey）」（『ピエール・ボナール展 Pierre Bonnard: l'éternel été』オルセー美術館特別企画、国立新美術館、日本経済新聞社、2018 年）、「海神の姫から見た世界――海道、人神性、超自然契約」（『常盤台人間文化論叢』第 6 巻、2020 年）など。

**三浦倫平**（MIURA Rinpei）

地域社会学／都市社会学専攻。横浜国立大学大学院都市イノベーション研究院／都市科学部准教授。1979 年生。東京大学人文社会系研究科博士課程修了。博士（社会学）。

〈主要著作〉

「都市空間における「共約不可能な公共性」の形成過程――世田谷区・下北沢地域の景観紛争を事例にして――」（『地域社会学会年報』22 集、2010 年）、『共生の都市社会学――下北沢再開発問題のなかで考える』（新曜社、2016 年）、『変容する都市のゆくえ――複眼の都市論』（共編著、文遊社、2020 年）など。

**彦江智弘**（HIKOE Tomohiro）

フランス文学専攻。横浜国立大学都市イノベーション研究院／都市科学部教授。1968 年生。パリ第 4 大学文学部博士課程修了。博士（文学）。

〈主要著作〉

「ゾラにおける「社会的なもの」の上昇――『パリ』のトポグラフィー」（『常盤台人間文化論叢』第 2 巻、横浜国立大学都市イノベーション研究院、2016 年）、「〈言葉の受肉〉としての引用――ゾラとトニー・ガルニエのユートピア」（篠田勝英・海老根龍介・辻川慶子編『引用の文学史：フランス中世から二〇世紀文学におけるリライトの歴史』、水声社、2019 年）など。

**都市は揺れている——五つの対話**

2020 年 4 月 30 日　初版　第 1 刷発行　〔検印省略〕

＊定価はカバーに表示してあります。

編著者©吉原直樹 榑沼範久／都市空間研究会　発行者 下田勝司

印刷・製本／中央精版印刷株式会社

東京都文京区向丘 1-20-6　郵便振替 00110-6-37828

〒 113-0023　TEL 03-3818-5521 (代)　FAX 03-3818-5514

発行所 株式会社 東信堂

Published by TOSHINDO PUBLISHING CO., LTD.

1-20-6, Mukougaoka, Bunkyo-ku, Tokyo, 113-0023 Japan

E-Mail：tk203444@fsinet.or.jp　http://www.toshindo-pub.com

ISBN978-4-7989-1636-1　C3030